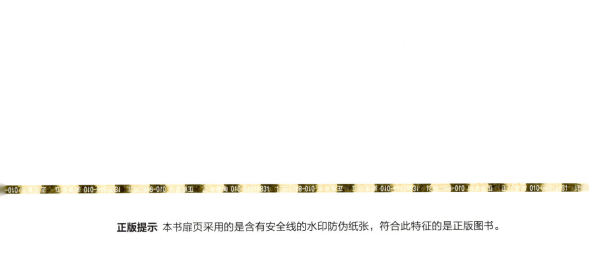

立法起草指引

LIFA QICAO ZHIYIN

姚树举 ◎ 著

中国民主法制出版社

图书在版编目（CIP）数据

立法起草指引 / 姚树举著. -- 北京：中国民主法
制出版社, 2024. 9. -- ISBN 978-7-5162-3744-1

Ⅰ. D901

中国国家版本馆CIP数据核字第2024AU1995号

图书出品人：刘海涛
责 任 编 辑：贾萌萌　李　郎
图 书 策 划：刘　卫
装 帧 设 计：乔智炜
内 文 设 计：宗沅书装

书　　　名／立法起草指引
作　　　者／姚树举　著

出版·发行／中国民主法制出版社
地址／北京市丰台区右安门外玉林里7号（100069）
电话／010-57258080　57200301（系统发行）　63292520（编辑室）
传真／010-84815841
http://www.npcpub.com
E-mail: mzfz@npcpub.com
经销／新华书店
开本／16开　710毫米×1000毫米
印张／21　字数／212千字
版本／2025年1月第1版　2025年1月第1次印刷
印刷／北京飞帆印刷有限公司

书号／ISBN 978-7-5162-3744-1
定价／86.00元
出版声明／版权所有，侵权必究。

作者简介

　　姚树举，执教于中共安徽省委党校（安徽行政学院），毕业于中国人民大学，法学博士，中国人民大学法学院"优秀博士论文奖"获得者，研究生导师。主持国家级课题、中央高校课题多项，在影响力报刊发表多篇理论实务文章，并被全国人民代表大会、最高人民法院、最高人民检察院等官网转载。

党的十八大以来，党中央高度重视科学立法。习近平总书记指出，"深入推进科学立法"，"越是强调法治，越是要提高立法质量"。深入推进科学立法，提高立法质量，是实现良法善治的重要前提。立法起草是立法工作的关键环节，直接决定立法质量，影响法的理解与适用。

本书运用立法起草理论，结合立法例，联系执法司法案例，探寻、提炼立法起草的一般规则，力求富有理论性、实用性和可操作性，以期为全国人大常委会立法工作，为制定行政法规、地方性法规及规章等提供指引，为立法实务人士、立法理论研究者和其他读者提供参考。

姚树举

二○二四年十月十日

目 录

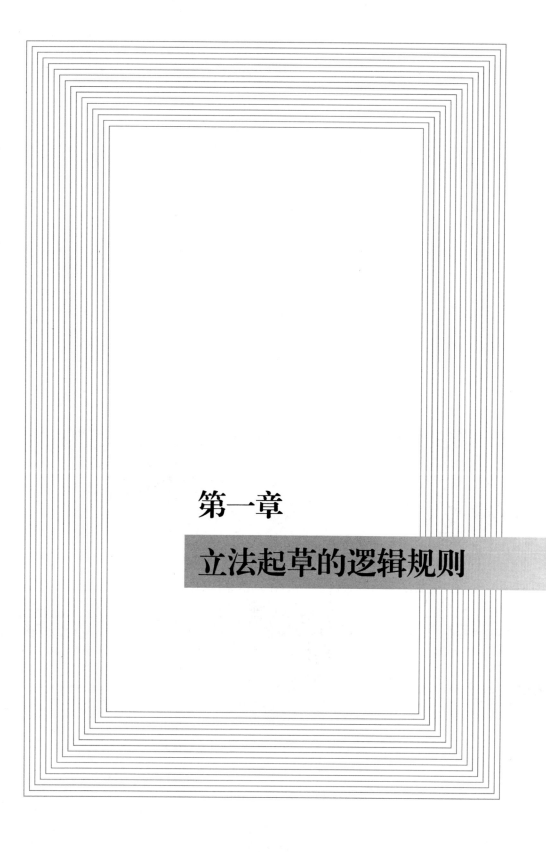

第一章

立法起草的逻辑规则

逻辑规则是立法起草的重要方法论。对于立法而言，衡量科学立法的基本标准之一，是立法起草必须符合逻辑。只有立法起草遵循逻辑的基本规律和规则，法律①才能严谨、精确，才能确保在适用法律时推导出统一、明确的结论。

立法起草应当严格遵守逻辑规则，科学运用立法用语，提高立法质量。具体而言，立法起草应当遵守概念的使用规则，准确把握法律概念之间的外延关系，正确运用定义、划分、限制、概括等明确法律概念的逻辑方法，遵循同一律、不矛盾律、排中律等逻辑基本规律和逻辑推理规则，正确使用逻辑联结词，合理运用逻辑学上的概念理论，弥补法律漏洞。为了避免矛盾和冲突，立法起草还应当使法律内部条文之间，法律与宪法及其他法律之间相互协调，力求实现科学立法。

遵守逻辑规则，运用逻辑方法，是立法起草技术的重要内容。毛泽东同志在《工作方法六十条（草案）》中，指出"学点文法和逻辑"②。立法起草人应当学习、掌握和运用逻辑方法，提高立法起草技术。

---

① 本书所用"法律"、所称"立法"之"法"，均指广义的法律，包括宪法、法律、行政法规、地方性法规、自治条例、单行条例，以及国务院部门规章和地方政府规章。而且，《立法法》第 2 条也明确规定："法律、行政法规、地方性法规、自治条例和单行条例的制定、修改和废止，适用本法。国务院部门规章和地方政府规章的制定、修改和废止，依照本法的有关规定执行。"
② 《毛泽东文集》(第七卷)，人民出版社 1999 年版，第 359 页。

　　马克思曾经批判立法起草违背逻辑的现象。他明确指出，1842 年《离婚法草案》存在严重的逻辑问题："整个草案的逻辑性很差，论点也不够明确，不够确凿有力"①。遵守逻辑规律和逻辑规则是立法起草规则的应有之义。如果立法违背逻辑规律和逻辑规则，那么就会导致法律规范内部、法律规范之间、法律体系有失协调，乃至自相矛盾。难以想象，一部内部失调、自相矛盾的法律能够发挥应有的机能，也不可能树立法律应有的权威。立法起草应当遵守严格的逻辑规则，以促进法律理性的实现。

1.1 立法用语应当遵守概念的使用规则

　　概念是关于客观对象的思考②，属于形式逻辑范畴。概念分为概念的内涵和概念的外延。就概念的外延而论，概念之间的关系包括全同关系、种属关系、属种关系、交叉关系、全异关系；其中，全异关系又分为矛盾关系和反对关系。

　　全同关系。设 S 和 P 分别表示两个不同概念，当所有 S 都是 P，并且所有 P 都是 S，亦即，如果概念 S 的外延与概念 P 的外延完全重合，那么 S 和 P 之间具有全同关系。例如，"北

---

① 《马克思恩格斯全集》（第二版）（第一卷），人民出版社 2002 年版，第 182 页。
② 龚启荣主著：《客体逻辑导引》，人民日报出版社 2011 年版，第 37 页。

京"与"中国首都"之间、"人民法院"与"审判机关"之间是全同关系。

种属关系，又称真包含于关系。设 S 和 P 分别表示两个不同概念，如果概念 S 的外延完全包含于概念 P 的外延之中，并且仅为概念 P 的外延的一部分，那么概念 S 与概念 P 之间具有种属关系。概念 S 是种概念，概念 P 为属概念。例如，"故意犯罪"与"犯罪"之间、"国有财产"与"公共财产"之间是种属关系。

属种关系，又称真包含关系。设 S 和 P 分别表示两个不同概念，如果概念 S 的外延完全包含概念 P 的外延，而且概念 P 的外延仅为概念 S 的外延的一部分，那么概念 S 与概念 P 之间具有属种关系。概念 S 是属概念，概念 P 为种概念。例如，对于"单位"与"法人"两个概念而言，"法人"都是"单位"，但是"单位"未必都是"法人"。因而，概念"单位"与概念"法人"之间是属种关系。其中，"单位"是属概念，"法人"是种概念。[1] 再如，"犯罪"与"单位犯罪"、"侵犯财产罪"与"诈骗罪"、"刑罚"与"有期徒刑"等概念之间具有属种关系。

交叉关系。设 S 和 P 分别表示两个不同概念，当且仅当，

---

[1] 参见张军：《非公有制经济刑法规制与保护论纲》，中国人民公安大学出版社 2007 年版，第 112 页。

概念 S 的外延与概念 P 的外延有一部分重合，那么概念 S 与概念 P 之间具有交叉关系。例如，"国家工作人员"与"审判人员"、"犯罪分子"与"未成年人"等概念之间具有交叉关系。

全异关系，又称不相容关系。设 S 和 P 分别表示两个不同概念，如果所有 S 都不是 P，并且所有 P 都不是 S，那么概念 S 与概念 P 之间具有全异关系。例如，"故意犯罪"与"过失犯罪"之间、"国有财产"与"劳动群众集体所有的财产"之间是全异关系。值得注意的是，尽管具有全异关系的概念没有共同外延，但是，它们却可能属于同一范畴。例如，"故意犯罪"与"过失犯罪"都属于"犯罪"，"国有财产"与"劳动群众集体所有的财产"都属于"公共财产"。

立法起草应当准确界定法律概念，把握法律概念的内涵和外延，不能并列使用具有属种关系、种属关系、交叉关系的概念。

［示例 1］破坏交通工具、交通设施、电力设备、燃气设备、易燃易爆设备，造成严重后果的，处十年以上有期徒刑、无期徒刑或者死刑。（《刑法》第 119 条）

［示例 2］破坏交通工具、交通设施、电力设备、易燃易爆设备，造成严重后果的，处十年以上有期徒刑、无期徒刑或者死刑。

［评注］立法起草以语言为载体，法律表述应当准确把握

法律概念之间的外延关系，确保立法用语的严谨性、精确性。第 1 例中，"燃气设备"是种概念，"易燃易爆设备"是属概念，两者不宜并列使用。该条宜采用第 2 例的表述方式。

1.2 立法用语应当遵循形式逻辑的基本规律

逻辑具有客观性。亚里士多德坚持认为，逻辑是一种中立的、客观的品质，是一种可以始终如一地应用于任何论点的外部标准，就像桥梁设计的数学定理一样。它完全聚焦于论点，而不是辩论者。[1] 逻辑基本规律是客观世界的逻辑结构和逻辑规律。客观事物的存在和发展必然符合逻辑基本规律。逻辑基本规律也是人们进行逻辑思考所遵循的基本规则。人们只有遵循逻辑基本规律，才能正确地思考。[2]

法律条文表述应当遵循同一律、不矛盾律和排中律等逻辑基本规律，以实现立法用语的同一性、不矛盾性和明确性。

1.2.1 立法用语应当遵循同一律，保持立法用语的同一性，应当使用相同语词表达同一概念，使用不同语词表达不同概念。

---

[1] Timothy P. Terrell, *Organizing Clear Opinions: Beyond Logic to Coherence and Character*, The Judges' Journal Spring, 1999, p.5.

[2] ［英］罗素：《哲学问题》，何兆武译，商务印书馆 2007 年版，第 58 页。

同一律的基本内容是任何概念、命题与其自身必须是等同的。同一律用形式语言表示为：A=A，或者 A → A[①]。就概念而言，同一律要求对概念进行逻辑思考时，其内涵与外延必须始终保持一致。

法律的每一语词均有意义。不同语词总是指谓不同事物，同一语词总是指谓同一事物。立法起草人应当严格使用相同语词表达相同事物[②]；不要使用不同语词或者表述方式表达同一事物[③]。"永远不要改变语言，除非意图改变意思。"[④] 这一原则，是立法起草人的"黄金法则"（drafterman's golden rule）。

由于在法律文本中使用同义词、近义词会造成混淆、增加诉讼，起草人应当重复使用相同语词；只要用语合适，就使用程式性的标准表达。[⑤] 立法起草应当贯彻"同词同义"原则，保持立法用语的同一性，应当使用相同语词表达同一概念[⑥]，

---

① 前者读作：A 就是 A。后者读作：如果 A，那么 A。
② Ann Seidman, Robert B. Seidman and Nalin Abeyesekere, *Legislative Drafting for Democratic Social Change: A Manual for Drafters*, London: Kluwer Law International, 2001, p.264.
③ Peter Nash Swisher, "Techniques of Legal Drafting: A Survival Manual", *U. Rich. L. Rev.*, Vol.15, 1980, p.886.
④ Edmund Leolin Piesse, J.K. Aitken, *The Elements of Drafting*, 5th Edition, The Law Book Co., 1976, p.43.
⑤ 参见［波］克日什托夫·克里登斯、斯坦尼丝洛·哥兹－罗什科夫斯基主编：《语言与法律：国际视角》，黄凤龙、刘远萍译，中国政法大学出版社 2017 年版，第 31 页。
⑥ 《军事立法工作条例》（2017 年）第 73 条明确规定，"表达同一概念应当使用同一词语"。

使用不同语词表达不同概念，不能同时使用语词的同义词、近义词或者简称。只有确实需要区分的立法用语，才使用不同语词。

在法律文本中，不同语词会被认为具有不同意义。对于同一意义，立法起草人应当使用同一用语。如果立法起草人意图表达同一意义，但是为了追求修辞效果而使用不同语词，就会牺牲语词的一致性。这是立法起草人应当避免的。比如，在同一部法律中，如果同时使用"银行""金融机构"指代同一对象，人们就可能会认为这两个不同语词表达不同意义。[①]

违反同一律的逻辑错误主要有两种：一是混淆概念或者偷换概念；二是混淆论题或者偷换论题。其中，混淆或者偷换概念就是在同一逻辑思考过程中，将不同概念混淆或者等同起来。在立法起草中，应当避免混淆概念的逻辑错误。立法起草如果违背同一律，混淆概念或者偷换概念，那么法律条文必然违背立法起草的明确性要求，势必会给司法实践提出难题。

［示例1］民族自治地方不能全部适用本法规定的，可以由自治区或者省的国家权力机关根据当地民族的政治、经济、文化的特点和本法规定的基本原则，制定变通或者补充的规

---

① 参见［美］杰克·戴维斯：《立法法律与程序》，姜廷惠译，商务印书馆2022年版，第172页。

定，报请全国人民代表大会常务委员会批准施行。（1979 年《刑法》第 80 条）

[**示例 2**] 民族自治地方不能全部适用本法规定的，可以由自治区或者省的人民代表大会根据当地民族的政治、经济、文化的特点和本法规定的基本原则，制定变通或者补充的规定，报请全国人民代表大会常务委员会批准施行。（1997 年《刑法》第 90 条）

[**评注**]《宪法》在表述权力机关时，使用的是"人民代表大会"，其他法律应当与《宪法》相互协调，确保相关用语与宪法用语保持一致。因此，1979 年《刑法》第 80 条中的"国家权力机关"被修正为"人民代表大会"[1]，无疑具有科学性。

1.2.2 表述同一概念的用语，在同一部法律中应当保持一致；而且，应当与其他法律表述同一概念的用语保持一致。

根据同一解释规则，对于同一概念，原则上应当作出同一解释。[2] 因此，在法律文本中，"同一概念原则上应当保持同一含义"[3]。同一概念使用同一表述，且要确保整部法律文本前后

---

① 周道鸾、单长宗、张泗汉主编：《刑法的修改与适用》，人民法院出版社 1997 年版，第 251 页。
② 参见王利明：《法学方法论》，中国人民大学出版社 2011 年版，第 382 页。
③ 王利明：《法律解释学导论——以民法为视角》，法律出版社 2021 年版，第 271 页。

一致。① 用语同一性原则不仅适用于同一部法律，也适用于不同法律之间。② 如果同一用语具有不同含义，就会影响法律的准确理解和适用③，增加法律的解释成本。遵循用语同一性原则，确保不同法律之间相关条文的协调、衔接，有助于实现法律体系的融贯性。④

在立法领域，同一律是法律表述应当遵守的黄金法则。因为，根据立法理论，"法案起草的一个基本原则是，同一概念应该用同一个字、词表示，不同的概念应该用不同的字、词表示。因此，立法起草人在法案中必须严格使用一致的字或者词表示要求、禁止或者许可"⑤。

［示例1］犯故意杀人、故意伤害致人重伤或者死亡、强奸、抢劫、贩卖毒品、放火、爆炸、投毒罪的，应当负刑事责任。（《刑法》原第17条第2款）

［示例2］犯故意杀人、故意伤害致人重伤或者死亡、强奸、抢劫、贩卖毒品、放火、爆炸、投放危险物质罪的，应当

---

① 张越：《立法技术原理》，中国法制出版社2020年版，第80页。
② 董坤：《刑事诉讼法用语的同一性与相对性》，载《法学评论》2023年第1期，第119页。
③ 参见董坤：《刑事诉讼法用语的同一性与相对性》，载《法学评论》2023年第1期，第119页。
④ 参见董坤：《刑事诉讼法用语的同一性与相对性》，载《法学评论》2023年第1期，第120页。
⑤ ［美］安·赛德曼、罗伯特·鲍勃·赛德曼、那林·阿比斯卡：《立法学：理论与实践》，刘国福等译，中国经济出版社2008年版，第314页。

负刑事责任。（《刑法》第 17 条第 2 款）

［**示例 3**］对于故意杀人、强奸、放火、爆炸、投毒、抢劫等严重破坏社会秩序的犯罪分子，可以附加剥夺政治权利。（《刑法》第 56 条第 1 款）

［**示例 4**］对于故意杀人、强奸、放火、爆炸、投放危险物质、抢劫等严重破坏社会秩序的犯罪分子，可以附加剥夺政治权利。

［**示例 5**］部队执行戒严任务或者处置突发性暴力事件时，以战时论。（《刑法》第 451 条第 2 款）

［**示例 6**］部队执行紧急状态任务或者处置突发性暴力事件时，以战时论。

［**评注**］为了确保法律内部、法律之间和法律体系的协调性、融贯性，立法起草应当贯彻用语同一性原则。[①] 上述示例，鉴于《刑法修正案（三）》已把《刑法》分则第 114 条、第 115 条中的"投毒"修改为"投放危险物质"，为了实现刑法总则与刑法分则相协调，确保总则用语与第 114 条、第 115 条用语一致，《刑法修正案（十一）》将《刑法》原第 17 条中的"投毒"修正为"投放危险物质"；类似地，第 3 例中《刑法》

[①] 参见董坤：《刑事诉讼法用语的同一性与相对性》，载《法学评论》2023 年第 1 期，第 129 页。

第 56 条的"投毒",也应当修正为"投放危险物质"。第 5 例中,由于 2004 年《宪法修正案》已将"戒严"修改为"紧急状态",因此,《刑法》第 451 条的"戒严"也应当修正为"紧急状态"。

特别需要注意的是,其他立法用语应当与宪法用语协调一致。

［示例 1］本法总则适用于其他有刑罚规定的法律、法令,但是其他法律有特别规定的除外。(1979 年《刑法》第 89 条)

［示例 2］本法总则适用于其他有刑罚规定的法律,但是其他法律有特别规定的除外。(《刑法》第 101 条)

［评注]《立法法》第 5 条规定,"立法应当符合宪法的规定、原则和精神"。本例中,宪法作为国家法律体系的重要组成部分,其他法律条文表述应当与宪法相协调。值得注意的是,1982 年《宪法》在规定全国人大常务委员会的职权时,用"法律"取代"法令"。为了保持与《宪法》的协调一致,立法机关修改《刑法》时也将"法令"一词予以删除。①

1.2.3 对于法典编纂,如果表达相同概念,应当使法典用语保持一致。

---

① 参见高铭暄:《中华人民共和国刑法的孕育诞生和发展完善》,北京大学出版社 2012 年版,第 294 页。

在立法起草中，同一律是保证法律概念、法律规范统一性的逻辑规则。只有确保法律概念的同一性，才能有效避免不同守法主体和执法司法主体对相关法律概念的理解偏差，从而有利于法律的遵守和适用。

［**示例 1**］民事主体的财产权利受法律平等保护。(《民法典》第 113 条)

［**示例 2**］国家、集体、私人的物权和其他权利人的物权受法律保护，任何单位和个人不得侵犯。(《物权法》第 4 条)

［**示例 3**］国家、集体、私人的物权和其他权利人的物权受法律平等保护，任何组织或者个人不得侵犯。(《民法典》第 207 条)①

［**评注**］法典编纂应当确保用语的同一性。根据《民法典》第 113 条，财产权利"受法律平等保护"，物权属于财产权利的重要范畴，同样应当"受法律平等保护"。《民法典》第 207 条将《物权法》第 4 条的"受法律保护"，修改成"受法律平等保护"，是遵循同一律、确保用语同一性的体现。

1.2.4 法律修改新增条款的，如果表达相同概念，应当遵守相关用语的使用习惯，确保与法律原有用语保持一致。

---

① 参见张越:《〈民法典〉的立法技术创新与探索》，人民法院出版社 2021 年版，第 112—113 页。

根据《全国人大常委会法制工作委员会立法技术规范》，"含义类同的条文表述和语词使用，应当尽量遵循先例，保证在不同的法律中协调一致，同一语词在同一部法律中含义应尽量一致。"① 虽然没有必要实现立法用语的绝对统一，但是应当力求坚持立法用语的相对一致。"如果法律在不同的地方采用相同的概念与规定，则应认为这些概念与规定实际上是一致的。"② 在法律修改增加条文时，表达相同概念应当遵守立法用语的既有使用规则和习惯。

［示例1］有第一款行为，非法占有他人财产或者逃避合法债务。(《刑法》第307条之一第3款)

［示例2］有第一款行为，非法占有他人财物或者逃避合法债务。

［评注］第1例为《刑法修正案（九）》新增条款，首次使用"他人财产"。表达"他人财产"的既有条款均使用"他人财物"，而且在"非法占有"作谓语动词的既有条款中，均使用"财物"作宾语，无一使用"财产"作宾语。"非法占有他人财物"是《刑法》一贯用语，且刑法理论也习惯使用"非

---

① 全国人大常委会法制工作委员会供稿：《全国人大常委会法制工作委员会立法技术规范》，中国民主法制出版社2024年版，第4页。
② ［德］伯阳：《德国公法导论》，北京大学出版社2008年版，第24—25页。

法占有他人财物"。因此,《刑法》第 307 条之一新增条款的用语,表达相同概念,仍然应当使用原有用语,宜采用第 2 例的表述方式。

1.3 立法用语应当遵循不矛盾律

在客观世界中,不能既存在客观事件 A,又存在客观事件 ¬A,这也是客观世界的一条逻辑规律。亚里士多德对不矛盾律作出明确表述:"同一事物,不可能在同一时间内既存在又不存在";"矛盾的陈述不能同时为真"。[①] 不矛盾律是指,在同一思考过程中两个互为矛盾关系或者反对关系的概念或者命题不能同时为真,其中必有一假。不矛盾律通常用公式表示为:$\neg(A \wedge \neg A)$[②]。根据不矛盾律,A 与 ¬A 作为一对互为矛盾的命题,"A 真并且¬A 真"不能同时成立,必然有一假:如果命题 A 真,那么¬A 为假;如果命题¬A 为真,那么命题 A 为假。

不矛盾律的主要作用在于保证逻辑思考的前后一致性,避免逻辑矛盾。"法律的每个条款,必须在准确而富有远见地洞

[①] 苗力田主编:《亚里士多德全集》(典藏本)(第七卷),中国人民大学出版社 2016 年版,第 248 页、第 106 页。
[②] 读作:并非 A 并且非 A。

察到它在所有其他条款的效果的情况下制定，凡制定的法律必须能和以前存在的法律构成首尾一贯的整体。"[①] 立法起草应当遵循不矛盾律，避免法律条文内部、法律条文之间，以及法律条文与宪法条文、其他法律条文之间的逻辑矛盾。法律如果违背不矛盾律，两个法律规范就是相互冲突的，因而遵守其中一项规定就不可能遵守另一项规定。

1.3.1 严格贯彻、维护法制统一原则，坚持合宪性原则，不得与宪法冲突，最大限度避免条文内部、条文之间、法律之间相矛盾，不得与立法政策、立法目的、立法价值取向相冲突，力求实现法律规范的一致性和法律体系的融贯性。

遵循法制统一原则，是立法起草的必然要求。法律自身、法律之间、法律与法律体系之间，应当协调一致。例如，刑法作为部门法，应当与整个法律体系保持协调。具体而言，刑法体系自身应当协调一致；刑法应当与宪法协调，不得与宪法相抵触；刑法应当与民商法等其他法律体系相协调。[②]

［**示例1**］犯罪的时候不满十八岁的人和审判的时候怀孕的妇女，不适用死刑。已满十六岁不满十八岁的，如果所犯罪

---

① ［英］J.S. 密尔：《代议制政府》，汪瑄译，商务印书馆 1982 年版，第 76 页。
② 参见张军：《非公有制经济刑法规制与保护论纲》，中国人民公安大学出版社 2007 年版，第 171—174 页。

行特别严重，可以判处死刑缓期二年执行。（1979年《刑法》第44条）

　　［示例2］犯罪的时候不满十八周岁的人和审判的时候怀孕的妇女，不适用死刑。（《刑法》第49条第1款）

　　［示例3］正当防卫明显超过必要限度造成重大损害的，应当负刑事责任。（《刑法》第20条第2款）

　　［示例4］防卫行为明显超过必要限度造成重大损害的，应当负刑事责任。

　　［示例5］正当防卫超过必要的限度，造成不应有的损害的，正当防卫人应当承担适当的民事责任。（《民法典》第181条第2款）

　　［示例6］防卫行为超过必要的限度，造成不应有的损害的，正当防卫人应当承担适当的民事责任。

　　［评注］立法起草应当明确，并自成无矛盾的统一体系，法律协调首先是立法的协调。[①] 第1例中，1979年《刑法》的规定与我国对未满十八周岁的人不适用死刑的刑事政策相冲突，因为死缓属于死刑的范畴，不是独立刑种。第4例、第6

[①]　参见蔡道通：《论刑法的冲突与协调——以刑法第17条第2款为例的分析》，载戴玉忠、刘明祥主编：《和谐社会语境下刑法机制的协调》，中国检察出版社2008年版，第129页。

例中，使用"防卫行为"替换"正当防卫"，能够有效避免条文表述的逻辑矛盾。

1.3.2 在立法起草上，遵循不矛盾律就是遵循不抵触原则。对于地方立法，尤其应当注意遵循不抵触原则。

抵触是指地方立法的规定与宪法、法律、行政法规的规定相冲突，或者与其原则、精神相违背。如果存在上位法，地方立法的义务性规定、禁止性规定、法律责任等，应当严格符合上位法的规定；如果不存在上位法，地方立法设定的义务性规定、禁止性规定、法律责任等，应当符合宪法、法律的规定和原则。与上位法相抵触的情形主要有：一是，缩减或者改变上位法的禁止性规定；二是，增加上位法规定的义务，或者增加条件；三是，扩大或者缩小上位法的义务对象范围；四是，减损上位法规定的公民权益。①

［**示例1**］禁止在自然保护区内进行砍伐、放牧、狩猎、捕捞、采药、开垦、烧荒、开矿、采石、挖沙等活动；但是，法律、行政法规另有规定的除外。(《自然保护区条例》第26条)

［**示例2**］禁止在保护区内进行狩猎、垦荒、烧荒等活动。

---

① 参见周祖成主编：《立法学》，中国法制出版社2022年版，第84—85页。

法律、法规另有规定的除外。（2010 年《甘肃祁连山国家级自然保护区管理条例》第 10 条第 2 款）

［**示例 3**］禁止在保护区内猎捕、猎杀和收购、贩运野生动物。（2017 年《甘肃祁连山国家级自然保护区管理条例》第 16 条第 1 款）

［**评注**］上述示例中，《甘肃祁连山国家级自然保护区管理条例》，将《自然保护区条例》禁止的十类行为，缩减为禁止三类行为，明显缩减、改变上位法的禁止性规定，与上位法相抵触。①

1.4 立法用语应当遵循排中律

立法用语应当遵循排中律，提高法律条文表述的明确性，避免含糊其词、模棱两可。排中律是指在同一逻辑思考过程中，两个相互矛盾的思考不能同假，其中必有一真。排中律用符号语言可以表示为：$A \lor \neg A$。根据排中律，如果命题 A 为假，则命题 $\neg A$ 为真；如果命题 $\neg A$ 为假，则命题 A 为真。排中律准确地刻画了世界的客观规律之一：两个相互矛盾的事件 A 与事件 $\neg A$ 不能同时为假。② 对于立法起草，两个相互矛

---

① 参见周祖成主编：《立法学》，中国法制出版社 2022 年版，第 84 页。
② 参见龚启荣主著：《客体逻辑导引》，人民日报出版社 2011 年版，第 152 页。

盾的法律规范不能同时成立。

排中律的作用是保证逻辑思考的明确性，避免模棱两可的逻辑谬误。确保逻辑思考的明确性，是立法起草的必要条件。排中律要求立法起草应当具有明确性，不能含糊其词、模棱两可。

1.5 正确使用"和""或者"等逻辑联结词

逻辑联结词将逻辑陈述连接起来，形成更大、更复杂的陈述。[①] 例如，"和"与"或者"是法律条文常用的逻辑联结词。"和"与"或者"都是看似无关痛痒的语词，但它们却能引起逻辑谬误，特别是在与蕴涵、否定相结合的时候。[②] 在日常生活中，我们倾向于把"或者"默认为排他性的"或者"。[③]

立法起草人应当根据法律概念之间的合取、析取、否定、蕴涵等逻辑关系，正确使用"和""或者"等逻辑联结词。

1.5.1 表达选择关系，使用"或者"等逻辑联结词。

［**示例**］对确有悔改或者立功事实的，裁定予以减刑。（《刑法》第79条）

---

① ［英］郑乐隽：《逻辑的力量》，杜娟译，中信出版集团2019年版，第85页。
② ［英］郑乐隽：《逻辑的力量》，杜娟译，中信出版集团2019年版，第87页。
③ ［英］郑乐隽：《逻辑的力量》，杜娟译，中信出版集团2019年版，第89页。

［**评注**］在逻辑上，该例是相容选言命题，是指判定的可能中至少存在一种事物情况的命题。"或者"是选言命题的逻辑联结词。"确有悔改""立功事实"两者具备其一即符合裁定减刑的条件，故该例表述为选言命题，是准确、规范的。

［**示例1**］以原料利用为名，进口不能用作原料的固体废物、液态废物和气态废物的，依照本法第一百五十二条第二款、第三款的规定定罪处罚。（《刑法》第339条第3款）

［**示例2**］以原料利用为名，进口不能用作原料的固体废物、液态废物或者气态废物的，依照本法第一百五十二条第二款、第三款的规定定罪处罚。

［**示例3**］国家机关工作人员非法剥夺公民的宗教信仰自由和侵犯少数民族风俗习惯。（《刑法》第251条）

［**示例4**］国家机关工作人员非法剥夺公民的宗教信仰自由或者侵犯少数民族风俗习惯。

［**示例5**］对正在进行行凶、杀人、抢劫、强奸、绑架以及其他严重危及人身安全的暴力犯罪，采取防卫行为。（《刑法》第20条第3款）

［**示例6**］对正在进行行凶、杀人、抢劫、强奸、绑架或者其他严重危及人身安全的暴力犯罪，采取防卫行为。

［**评注**］在逻辑上，"和""以及"用于表达合取关系，相当于语法中的并列关系。第1例、第3例、第5例中，使用

"和""以及"等逻辑联结词，不能准确实现立法目的，存在立法漏洞。如果将"和""以及"修正为"或者"，更能准确表达立法意图，避免立法漏洞。因此，宜分别采用第2例、第4例、第6例的表述方式。

1.5.2 表达合取关系，使用"和""并且""又"等逻辑联结词。

1 表达并列的合取关系，使用"和""以及""又"等逻辑联结词。

［**示例1**］当事人既约定违约金，又约定定金的，一方违约时，对方可以选择适用违约金或者定金条款。(《民法典》第588条第1款）

［**示例2**］刑满释放人员丧失劳动能力又无法定赡养人、扶养人和基本生活来源的，由当地人民政府予以救济。(《监狱法》第37条第2款）

［**示例3**］道路运输经营者应当按照规定进行道路运输经营年度审验和服务质量信誉考核。(《内蒙古自治区道路运输条例》第6条）

［**评注**］在逻辑上，"并且""和""又"为合取命题逻辑联结词。在立法起草时，如果立法机关意图规定某一法律规范必须同时齐备两个以上要素，那么应当使用合取命题。上述示例，均需同时齐备两种要素以适用相应法律条文，故均应当表

述为合取命题。

2 表达递进、先后顺序的合取关系，使用"并且""并""又"等逻辑联结词。

［**示例1**］编造并且传播影响证券、期货交易的虚假信息。（《刑法》第181条第1款）

［**示例2**］伪造货币并出售或者运输伪造的货币的，依照本法第一百七十条的规定定罪从重处罚。（《刑法》第171条第3款）

［**示例3**］经公安机关处理后又种植毒品原植物。（《刑法》第351条第1款第2项）

［**示例4**］收买被拐卖的妇女、儿童又出卖的，依照本法第二百四十条的规定定罪处罚。（《刑法》第241条第5款）

［**评注**］用语句联结词"并且"联结而成的复合语句，称为合取命题（conjunction）；由"并且"联结起来的两个语句，称为该合取命题的合取肢（conjunct）。① 有的立法用语使用"并"或者"并且"，意图表达具有逻辑上的前后关系，而且，只有同时符合该法律条文表述的全部要素，才适用该条文。第1例中，在逻辑上，"编造"在前，"传播"在后；而且，"编

---

① ［美］保罗·蒂德曼、霍华德·卡哈尼：《逻辑与哲学：现代逻辑导论》(第九版)，张建军、张燕京等译，中国人民大学出版社2017年版，第31页。

造""传播"行为必须同时成立,才构成编造并传播证券、期货交易虚假信息罪。[①]

如果法律条文使用"并"或者"并且",不仅表示必须同时具备两种要素,而且能够表示行为先后顺序。只有先实施"并""并且"之前的行为,后实施"并""并且"之后的行为,才能适用该法律条文。第 2 例中,如果行为人先出售或者运输伪造的货币,后伪造货币的,就不能仅认定其构成伪造货币罪,而应当实行数罪并罚。[②]

如果法律条文使用"又",要求行为人先实施"又"之前的行为,后实施"又"之后的行为;如果颠倒前后顺序,则不能适用该条文。[③]第 4 例中,只有先收买被拐卖的妇女或者儿童,而后再出卖所收买的妇女、儿童,才能认定行为人仅构成拐卖妇女、儿童罪。如果行为人先出卖妇女、儿童,而后再收买被拐卖的妇女、儿童,即使后来收买的妇女、儿童与先前出卖的妇女、儿童是同一人,也应当实行数罪并罚,而不能认定

---

① 张军主编:《刑法［分则］及配套规定新释新解》(第九版)(上),人民法院出版社 2016 年版,第 635 页。
② 张明楷:《刑法分则的解释原理》(第二版),中国人民大学出版社 2011 年版,第 568—569 页。
③ 张明楷:《刑法分则的解释原理》(第二版),中国人民大学出版社 2011 年版,第 569 页。

其仅构成拐卖妇女、儿童罪。[①]

1.6 条文表述应当遵守逻辑推理规则

逻辑推理是从已知命题到未知命题的逻辑思考,不同类型命题的推理应当遵循各自的逻辑规则。从逻辑蕴涵推导出某些事物的过程叫作推理。推理规则对于逻辑运用是非常重要的,从本质上说,推理过程是我们从已知真理发展到另一真理的唯一途径。[②]

逻辑规则是关于客观世界逻辑法则的思考,而逻辑法则是客观世界的逻辑规律;逻辑规律作为规律,具有客观属性,不以人的主观意志为转移。法条表述如果蕴含逻辑推理,立法起草人应当根据表述内容、所采用的命题类型,遵守相应的逻辑推理规则。

[**示例1**]对于应当判处死刑的犯罪分子,如果不是必须立即执行的,可以判处死刑同时宣告缓期二年执行。(《刑法》第48条第1款)

[**示例2**]对于应当判处死刑的犯罪分子,如果不是必须

---

① 张明楷:《刑法分则的解释原理》(第二版),中国人民大学出版社2011年版,第570页。
② [英]郑乐隽:《逻辑的力量》,杜娟译,中信出版集团2019年版,第75—76页。

立即执行的，应当判处死刑同时宣告缓期二年执行。

[评注]上述示例，对于应当判处死刑的犯罪分子，要么"判处死刑立即执行"，要么"判处死刑缓期二年执行"；二者之间是非此即彼的不相容关系，如果不是必须立即执行的，那么能够逻辑地推导出"应当"而非"可以"判处死刑同时宣告缓期二年执行。[①] 因此，该条款中的"可以"宜修正为"应当"。

---

① 姚树举：《从刑法修正案（九）看死刑立法技术》，载《法制日报》2015年11月11日，第10版。

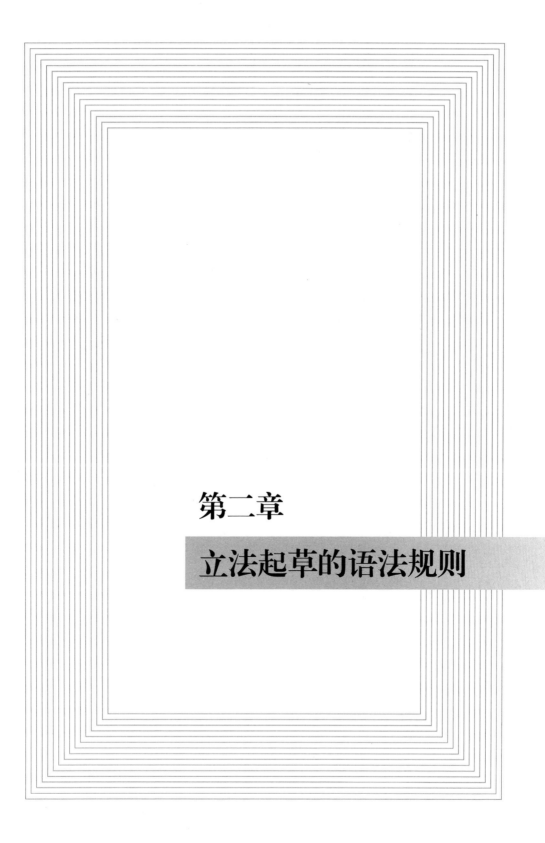

第二章

立法起草的语法规则

制定法由语言表达，意义是语言的核心问题。[①]"优秀的立法起草工作，就像优秀的写作一样，需要遵守基本语法规则。"[②]世界各国立法都必须遵守语法规则。[③]语法的模糊不清则是不清晰的句子结构、习语或者条款的不当布置而引起的。[④]遵守语法规则，提高法律条文表述的准确性、明确性、规范性和可理解性，是准确表达立法意图，实现制定法权威的必要条件。因此，遵守语法规则，是立法起草的必然要求。

2.1 立法起草应当遵守语法规则

"语句必须符合语法规则"[⑤]。使用正确的语法，是世界各国立法的必然要求。[⑥]各种语言都有独特的语法形式，对于任何成文法国家，立法起草都必须正确遵守语法规则。立法起草

---

① 姚树举：《重视立法表达　提高立法质量》，载《学习时报》2020 年 10 月 28 日，第 2 版。

② ［美］杰克·戴维斯：《立法法律与程序》，姜廷惠译，商务印书馆 2022 年版，第 171 页。

③ Ann Seidman, Robert B. Seidman and Nalin Abeyesekere, *Legislative Drafting for Democratic Social Change: A Manual for Drafters*, London: Kluwer Law International, 2001, p.232.

④ Constantin Stefanou & Helen Xanthaki(ed.), *Drafting Legislation: A Modern Approach*, Farnham: Ashgate, 2008, p.9.

⑤ ［英］安东尼·C. 格雷林：《哲学逻辑导论》(第三版)，廉博实译，新华出版社 2021 年版，第 19 页。

⑥ 参见 ［美］安·赛德曼、罗伯特·鲍勃·赛德曼、那林·阿比斯卡：《立法学：理论与实践》，刘国福等译，中国经济出版社 2008 年版，第 295 页。

的语法规则，主要包括词法规则 [1]、句法规则和标点符号使用规则 [2]。

2.1.1 法律条文语句成分应当完整

法律条文的句法结构，应当明晰易懂。对于法律条文表述，除了根据语境能够判断的明确主语成分可以省略外，应当严格遵守句法规则，确保法律条文具有谓语、宾语等必要成分。

要使法律清晰、明确，就要做到表述规范、具体，明确行为主体和行为内容。立法起草人要做到规范、具体，表述法律条文应当使语句用词准确、表意清晰。[3]

［**示例 1**］罪犯在暂予监外执行期间死亡的，应当及时通知监狱。（1996 年《刑事诉讼法》第 216 条第 2 款）

［**示例 2**］罪犯在暂予监外执行期间死亡的，执行机关应当及时通知监狱或者看守所。（2018 年《刑事诉讼法》第 268 条第 4 款）

［**评注**］作为义务性规范，义务主体应当明确；否则，义务性规范将难以执行。2018 年《刑事诉讼法》对该条增加主

---

[1] 由于第六章法律常用语词等章节对词法具有详细阐述，本章不再赘述。
[2] 关于法律标点符号的使用规则，详见本书第七章。
[3] ［美］安·赛德曼、罗伯特·鲍勃·赛德曼、那林·阿比斯卡：《立法学：理论与实践》，刘国福等译，中国经济出版社 2008 年版，第 331 页。

语"执行机关",进一步明确义务主体,是值得肯定的。

2.1.2 确保修饰对象边界的明确性

1 运用修饰语,应当确保修饰对象边界的明确性,修饰语应当紧密接近修饰对象。

表述法律条文时,名词与其修饰语的组合,通常会引起麻烦。修饰语在语句中的位置不确定和对结构词的依附,会引起句法歧义。例如,形容词"已婚的"虽然在语义上具有清晰性,但是"已婚男人或者妇女"这一表述,在句法上却具有歧义性。问题在于,立法起草人意指"已婚妇女",还是"任何妇女"。①

(1)如果同一修饰语修饰多个对象,重复表述修饰语。

[**示例1**]公立医院、学校

[**示例2**]公立医院、公立学校

[**示例3**]已有宅基地上存在违法用地、建筑等情况,未按照相关规定完成整改的

[**示例4**]已有宅基地上存在违法用地、违法建筑等情况,未按照相关规定完成整改的(《汕尾市农村建房条例》第17条第6项)

---

① [希腊][英]海伦·赞塔基:《立法起草:规制规则的艺术与技术》,姜孝贤译,法律出版社2022年版,第109页。

［**示例5**］本条例所称的音像制品经营许可证，是《音像制品出版许可证》、《音像制品制作许可证》、音像制品类《复制经营许可证》、音像制品类《出版物经营许可证》的统称。（《上海市音像制品管理条例》第40条）

［**示例6**］挪用公款给私有公司、私有企业使用的，属于挪用公款归个人使用。（1998年《最高人民法院关于审理挪用公款案件具体应用法律若干问题的解释》第1条第2款）

［**评注**］如果名词多于修饰语，或者修饰语多于名词，或者修饰语没有出现在所修饰名词旁边，通常会产生疑问。[①]第1例中，"公立医院、学校"这一表述，修饰语"公立"所修饰的对象用顿号联结，不能明确表达修饰语与修饰对象的逻辑关系，存在明显歧义：学校是指"公立学校"，还是不受"公立"的限制，既包括公立学校，也包括私立学校？第3例"违法用地、建筑"这一表述，存在歧义，因为"建筑"是否受"违法"的限定，并不明确。相反，第4例中，"违法用地、违法建筑"这一表述，非常明确。类似地，第5例、第6例分别通过重复表述修饰语"音像制品类""私有"，使语义具有明确性。

---

① ［希腊］［英］海伦·赞塔基：《立法起草：规制规则的艺术与技术》，姜孝贤译，法律出版社2022年版，第109页。

（2）如果根据语义能够明确地判断被修饰内容，不重复表述修饰语。

［**示例1**］以暴力或者其他方法公然侮辱他人或者捏造事实诽谤他人，情节严重的，处三年以下有期徒刑、拘役、管制或者剥夺政治权利。（《刑法》第246条第1款）

［**示例2**］不动产或者动产可以由两个以上组织、个人共有。共有包括按份共有和共同共有。（《民法典》第297条）

［**示例3**］本条例所称台湾同胞投资，是指台湾地区的企业、其他经济组织或者个人作为投资者在本省的投资。（《山东省台湾同胞投资保护条例》第3条）

［**评注**］任何规则都有例外。根据语义，如果被修饰内容是明确的，不重复表述修饰语。第1例中，根据《刑法》规定，拘役的期限为一个月以上六个月以下，数罪并罚最高不能超过一年；管制的期限为三个月以上二年以下，数罪并罚最高不能超过三年。显然，"拘役""管制"均不受"三年以下"的限制。第2例中，一个人显然无法共有，"个人"自然是被"两个以上"所修饰的。第3例是一个定义条款，根据被定义项"台湾同胞投资"，能够明确地判断，"其他经济组织""个人"均受"台湾地区的"这一修饰语的限定；因此，无须重复表述修饰语"台湾地区的"。

2 如果同一对象为不同修饰语所修饰，重复表述被修饰对象。

［**示例1**］盗窃公私财物，数额较大的，或者多次盗窃、入户盗窃、携带凶器盗窃、扒窃的，处三年以下有期徒刑、拘役或者管制，并处或者单处罚金。(《刑法》第264条第1分句)

［**示例2**］本法所称对外贸易，是指货物进出口、技术进出口和国际服务贸易。(《对外贸易法》第2条第2款)

［**评注**］第1例重复表述被修饰对象"盗窃"，力图避免连续使用修饰语带来的歧义性，是值得肯定的。如果为了追求立法起草的简洁性，使用"多次、入户、携带凶器盗窃"，就会引起歧义。亦即，"多次""入户""携带凶器"是三者择一，还是三者均满足才构成盗窃罪。立法语言应当追求简洁性，但是不能牺牲明确性、精确性。第2例中，分别表述修饰语"货物""技术"，重复表述被修饰对象"进出口"，是规范、明确的。

3 如果修饰语只修饰多个成分中的某对象，应当将不被修饰的对象前置。

［**示例1**］盗窃公私财物，数额较大的，或者多次盗窃、入户盗窃、携带凶器盗窃、扒窃的，处三年以下有期徒刑、拘役或者管制，并处或者单处罚金。(《刑法》第264条第1分句)

［**示例2**］扒窃、多次盗窃、入户盗窃、携带凶器盗窃，或者盗窃公私财物，数额较大的，处三年以下有期徒刑、拘役或者管制，并处或者单处罚金。

［**评注**］如果法律语句包含两个以上并列的名词、动词等成分，而修饰语只修饰某成分，可能会引起歧义。比如，赛德曼等立法学者指出，英语法案文本中，在一连串名词之前或者之后使用修饰语，立法起草人应当格外谨慎，因为，这通常会发生修饰不明的现象。[①]第1例中，《刑法修正案（八）》新增"扒窃"入刑，"扒窃"与"盗窃"是并列的动词。那么，"数额较大""多次""携带凶器"等修饰语，是否修饰"扒窃"？《刑法修正案（八）》实施以后，各地对扒窃行为的处理差别较大。公安机关认为，"扒窃"之前使用顿号，意味着"扒窃"与"多次盗窃""入户盗窃""携带凶器盗窃"等行为类型并列；因此，只要实施扒窃行为即可成立盗窃罪。有学者主张，实施扒窃行为，并且同时符合下列条件之一的，才构成盗窃罪：（1）数额较大；（2）多次扒窃；（3）携带凶器扒窃。根据立法目的和司法解释，结合生效判决，"扒窃"不受"数额较大""多次""入户""携带凶器"等修饰语的限制。为了避免

---

① ［美］安·赛德曼、罗伯特·鲍勃·赛德曼、那林·阿比斯卡：《立法学：理论与实践》，刘国福等译，中国经济出版社2008年版，第349页。

该法条理解和适用中的歧义，应当将不被修饰的成分"扒窃"前置。

4 同一用语通常具有多重含义，立法起草人应当确保根据语境明确含义，消除多义词的潜在歧义。

波斯纳法官写道："字典的定义是非语境的，而语词和句子的含义主要取决于语境"[①]。一般地，同一用语可能具有多重含义。立法起草人应当确保人们通过语境准确判断、把握语词的具体含义。

［**示例1**］罚金在判决指定的期限内一次或者分期缴纳。期满不缴纳的，强制缴纳。对于不能全部缴纳罚金的，人民法院在任何时候发现被执行人有可以执行的财产，应当随时追缴。(《刑法》第53条第1款)

［**示例2**］犯罪以后自动投案，如实供述自己的罪行的，是自首。对于自首的犯罪分子，可以从轻或者减轻处罚。其中，犯罪较轻的，可以免除处罚。(《刑法》第67条第1款)

［**评注**］上述示例，《刑法》中的同一用语"可以"，具有不同含义。第1例的"可以"，表示"具备某种客观条件"，即是日常语言中的"可以"，有"能"的意思。第2例的两个

---

① ［美］理查德·波斯纳：《波斯纳法官司法反思录》，苏力译，北京大学出版社2014年版，第209页。

"可以"，是规范模态词，用于表述授权性规范。立法起草人相信人们根据语境，能够消除多义词的潜在歧义，明确理解同一用语的不同含义。

2.1.3 条文表述语序应当具有逻辑性

1 法律条文内容的排列，应当符合法治原理。

［示例1］制定行政法规，应当遵循立法法确定的立法原则，符合宪法和法律的规定。（2001年《行政法规制定程序条例》第3条）

［示例2］制定行政法规，应当贯彻落实党的路线方针政策和决策部署，符合宪法和法律的规定，遵循立法法确定的立法原则。（2017年《行政法规制定程序条例》第3条）

［评注］后例与前例的明显区别之一是，后例调整了"遵循立法法确定的立法原则"与"符合宪法和法律的规定"的逻辑顺序。宪法是上位法，立法法是下位法；"法律"具有一般性，而"立法法"具有特殊性。因此，在表述顺序上，"符合宪法和法律的规定"，应当在"遵循立法法确定的立法原则"之前。同时，后例在"符合宪法和法律的规定"之前，增加"贯彻落实党的路线方针政策和决策部署"，彰显我党对立法的全面领导，这一立法表述符合法治原理，富有内在逻辑性。

2 法律条文表述语序，应当符合事物发展顺序。如果一个条文包括若干动词，一般应当按照时间先后顺序，逻辑地排列相关动词。

［**示例1**］销售明知是不符合卫生标准的化妆品（《刑法》第 148 条）

［**示例2**］明知是不符合卫生标准的化妆品而销售的

［**示例3**］明知是伪造、变造的汇票、本票、支票而使用的（《刑法》第 194 条第 1 项）

［**示例4**］明知是作废的汇票、本票、支票而使用的（《刑法》第 194 条第 2 项）

［**评注**］法律条文中的动词，应当按照逻辑顺序和时间顺序进行排列。第 1 例中，应当是先"明知"后"销售"，而不是先"销售"后"明知"；因此，宜修正为"明知是不符合卫生标准的化妆品而销售的"。相比而言，第 3 例、第 4 例，与第 1 例具有相同的语法结构；但是，第 3 例、第 4 例却先表述"明知"后表述"使用"，动词的排列顺序具有内在逻辑性。

3 立法用语顺序决定意义。

意义主要由词语的选择和排列所决定。[1]

［**示例1**］已婚男人、妇女

［**示例2**］妇女、已婚男人

---

[1] Ian McLeod, *Principles of Legislative and Regulatory Drafting*, Oxford And Portland: Oregon, 2009, p.87.

［**示例3**］私立医院、学校

［**示例4**］学校、私立医院

［**评注**］上述两组示例，相同语词按照不同顺序排列，意义明显不同。第1组示例，"已婚男人、妇女"中的"妇女"，是否受"已婚"的修饰和限制，存在歧义；"妇女、已婚男人"则不存在歧义。同理，第2组示例亦是如此。

4 如果法律条文的中心名词之前有两个以上限定修饰语，应当根据语法规则，结合用语习惯，逻辑地排列限定修饰语。

［**示例1**］非法生产、销售专用间谍器材或者窃听、窃照专用器材（《刑法》第283条第1款）

［**示例2**］非法生产、销售间谍专用器材或者窃听、窃照专用器材

［**评注**］第1例中，"器材"之前，有两个限定修饰语"专用""间谍"，究竟先表述哪一限定修饰语，应当根据限定修饰语之间的逻辑关系，并遵守语法规则。"间谍"是名词，"专用"是不及物动词，二者构成主谓短语"间谍专用"，共同修饰中心名词"器材"。此外，还要结合用语习惯。比如，根据用语习惯，我们说"考试专用笔"，而不是"专用考试笔"。又如，有扑克上写着"掼蛋专用扑克"，而不是"专用掼蛋扑

克"。① 而且，在同一法条中，"窃听、窃照专用器材"是相同结构，其语序是先表述修饰语"窃听、窃照"，后表述修饰语"专用"。因此，宜调换"间谍"和"专用"的顺序，第 2 例的条文表述才符合逻辑。

2.2 立法起草应当避免歧义

句法歧义与修饰的不确定性或者指称的不确定性有关。句法歧义主要是由语词安排顺序不当或者标点符号使用不当所引起。② 对于任何成文法，"标点符号可能导致歧义性，即使语句在单词层面没有语义歧义性"。比如，在英美法案中，"逗号可能引发最危险的歧义性"③。

托马斯·R.哈格德形象地写道，含糊指称、同音异义词、悬垂修饰语、复杂语句结构等，都是难以穿越的沼泽。④ 如果立法起草人表达不清晰，就不能指望会有人准确理解法律。哲

---

① 笔者有听说"掼蛋"这种扑克游戏，并偶遇一副扑克上写着"掼蛋专用扑克"。
② ［美］托马斯·R.哈格德：《法律写作》（英文版），法律出版社 2003 年版，第 283 页。
③ ［希腊］［英］海伦·赞塔基：《立法起草：规制规则的艺术与技术》，姜孝贤译，法律出版社 2022 年版，第 110 页。
④ 参见［美］托马斯·R.哈格德：《法律写作》（英文版），法律出版社 2003 年版，第 6—7 页。

学家维特根斯坦说："一切可说的都是可以说清楚的。"[①] 因此，立法起草人应当清晰地表述法律。

歧义通常应当归因于标点错误或者语法错误，如缺少逗号、悬垂修饰语、指代不明或者其他遣词造句方面的粗心大意。对于这种歧义，同一陈述可以用两种或者两种以上完全不同的方式来理解。[②]

2.2.1 避免指代歧义

避免指代歧义，不使用指代意思不明确或者可能造成歧义的代词。如果指称性表达能被解释为指向多个对象，就会出现指代歧义（referential ambiguity）。[③] 为了避免指代歧义，应当慎用指代意思不明确或者可能造成歧义的代词。[④]

［**示例1**］被授权机关应当严格按照授权目的和范围行使该项权力。

被授权机关不得将该项权力转授给其他机关。（2000年《立法法》第10条第2款、第3款）

---

① ［美］罗伯特·所罗门、凯思林·希金斯：《大问题：简明哲学导论》（第十版），张卜天译，清华大学出版社2018年版，第382—383页。
② 参见［美］帕特里克·J.赫尔利：《逻辑学基础》，郑伟平、刘新文译，中国轻工业出版社2017年版，第125页。
③ ［美］罗纳德·芒森、安德鲁·布莱克：《推理的要素》（第七版），孔红译，中国轻工业出版社2018年版，第255页。
④ 参见张越：《立法技术原理》，中国法制出版社2020年版，第302页。

［**示例2**］被授权机关应当严格按照授权决定行使被授予的权力。

被授权机关不得将被授予的权力转授给其他机关。（2015年《立法法》第12条）

［**评注**］第1例中，"该项"权力，指称不够明确。2015年《立法法》将"该项"修改为"被授予的"，表意更明确。

2.2.2 避免修饰语引起的歧义

准确把握立法意图以及修饰语与被修饰对象的逻辑关系，避免修饰语引起的歧义。

1 在意图表述的并列成分中，如果有的语词包含定语、状语、补语等修饰语，有的不包含修饰语，应当先表述不包含修饰语的成分。

如果难以辨识一个修饰性从句或者短语，是否必然限制它所修饰的语词的含义[①]，就会产生歧义。因此，修饰语所修饰的对象应当是确定无疑的。[②] 修饰语所修饰的对象，如果用逗号和顿号进行排列，可能无法确认修饰语与被修饰对象的逻辑关系，容易产生歧义。

[①] ［波］克日什托夫·克里登斯、斯坦尼丝洛·哥兹－罗什科夫斯基主编：《语言与法律：国际视角》，黄凤龙、刘远萍译，中国政法大学出版社2017年版，第30页。

[②] ［美］安·赛德曼、罗伯特·鲍勃·赛德曼、那林·阿比斯卡：《立法学：理论与实践》，刘国福等译，中国经济出版社2008年版，第348页。

［**示例1**］盗窃公私财物，数额较大的，或者多次盗窃、入户盗窃、携带凶器盗窃、扒窃的 [①]（《刑法》第264条）

［**示例2**］扒窃、多次盗窃、入户盗窃、携带凶器盗窃，或者盗窃公私财物，数额较大的

［**评注**］上述示例中，"多次盗窃""入户盗窃""携带凶器盗窃"中的"盗窃"，均有修饰语，那么，"扒窃"是否受前述修饰语的修饰和限定？比如，有的案件，行为人扒窃时，并未携带凶器，是否构成盗窃罪？这明显存在歧义，因为"携带凶器盗窃、扒窃"，可以理解为"携带凶器盗窃"和"扒窃"，也可以理解为"携带凶器盗窃"和"携带凶器扒窃"。而根据立法意图，"扒窃"不受"多次""入户""携带凶器""数额较大"的限制，亦即，"扒窃"之前没有修饰语。立法起草人应当注意并列关系和修饰语的位置，通过调整语序，明确修饰语与被修饰对象之间的修饰关系。为了表意明确、清晰，应当先表述没有修饰语的"扒窃"。

2 如果两个以上不同语词需要同一修饰语修饰，应当分别修饰，不应当为追求简洁而采用省略形式。

［**示例1**］多次盗窃、扒窃

---

① 《刑法修正案（八）》新增"扒窃"入刑，扒窃成为一种独立的盗窃类型。

［**示例 2**］多次盗窃、多次扒窃

［**评注**］"多次盗窃、扒窃"，既可以理解为"多次盗窃""多次扒窃"，也可以理解为"多次盗窃"与"扒窃"是并列关系。修饰语与被修饰对象的修饰关系，如果不明晰，可能会造成歧义。如果意图将"多次盗窃""多次扒窃"规定为犯罪，应当采用第 2 例的表述方式。第 1 例的表述方式会产生歧义，亦即"扒窃"是否受"多次"的修饰和限制。

3 如果两个以上不同修饰语修饰同一语词，应当分别修饰，不应当为追求简洁而采用省略形式。

［**示例 1**］多次、入户、携带凶器盗窃

［**示例 2**］多次盗窃、入户盗窃、携带凶器盗窃

［**评注**］第 1 例中，"多次、入户、携带凶器盗窃"，明显存在歧义。第 2 例中，重复表述"盗窃"，表述明确、清晰。

2.2.3 立法起草应当避免语构歧义

1 避免逻辑联结词"和""或者"等引起的语构歧义。

如果一个语句的语法结构可以作两种以上解释，该语句就存在语构歧义（syntactic ambiguity）。特别应当注意的是，同时使用"和""或者"，可能造成语构歧义。[1]

---

① ［美］布鲁克·诺埃尔·摩尔、理查德·帕克：《批判性思维》（原书第十二版），朱素梅译，机械工业出版社 2021 年版，第 53 页。

［**示例**］如果某人准备开车去英属哥伦比亚，在出发之前，他收到美国汽车协会的告知：到加拿大旅行，须携带出生证或者驾照和其他附照片的身份证明。

对于这一告知，存在两种解释：

解释（1）［须携带出生证或者驾照］和［其他附照片的身份证明］。

解释（2）［须携带出生证］或者［驾照和其他附照片的身份证明］。①

为了消除该表达中的语构歧义，基于不同解释，可以将原表达分别表述为：

（1）须携带出生证或者驾照，此外需携带其他附照片的身份证明。

（2）须携带出生证或者既带驾照又带其他附照片的身份证明。

采用这两种表达方式，就不会产生歧义。②

2 避免标点符号使用不当引起的语构歧义。

---

① ［美］布鲁克·诺埃尔·摩尔、理查德·帕克：《批判性思维》（原书第十二版），朱素梅译，机械工业出版社 2021 年版，第 53 页。
② ［美］布鲁克·诺埃尔·摩尔、理查德·帕克：《批判性思维》（原书第十二版），朱素梅译，机械工业出版社 2021 年版，第 53 页。

［案例］"小逗号，大问题"——《宪法修正案》中一个逗号的删改

2004年，《宪法修正案（草案）》涉及对土地和公民私有财产的征收、征用及补偿问题。与提交大会审议的草案相比，经第十届全国人大第二次会议最后表决通过的《宪法修正案》，对相关两个条文分别删除一个看似微不足道的逗号。为了删改该逗号，大会主席团向代表们提交长达四百五十余字的解释和说明。征收、征用土地或者公民私有财产时，"并给予补偿"之前的一个逗号，引起有些代表的疑虑。有代表提出，两个条文中的"依照法律规定"，是只规范征收、征用行为，还是也规范补偿行为，存在歧义，应予明确。大会主席团经研究认为，《宪法修正案（草案）》上述两处规定的立法原意是："依照法律规定"，既规范征收、征用行为，包括征收、征用的主体和程序，又规范补偿行为，包括补偿的项目和标准。为了避免理解上的歧义，最后表决通过的《宪法修正案》，将上述两处规定中"并给予补偿"之前的逗号删去。①

［**示例1**］国家为了公共利益的需要，可以依照法律规定对土地实行征收或者征用，并给予补偿。（2004年《宪法修正

---

① 参见朱力宇主编：《法理学原理与案例教程》(第五版)，中国人民大学出版社2022年版，第266—267页。

案（草案）》第 20 条）

　　［**示例 2**］国家为了公共利益的需要，可以依照法律规定
对公民的私有财产实行征收或者征用，并给予补偿。（2004 年
《宪法修正案（草案）》第 22 条）

　　［**示例 3**］国家为了公共利益的需要，可以依照法律规定
对土地实行征收或者征用并给予补偿。（2004 年《宪法修正
案》第 20 条）

　　［**示例 4**］国家为了公共利益的需要，可以依照法律规定
对公民的私有财产实行征收或者征用并给予补偿。（2004 年
《宪法修正案》第 22 条）

　　［**评注**］在立法起草上，标点的使用可能会造成语构歧义。
对于本例，"并给予补偿"之前的逗号，会引起不同理解。一
种理解是，对公民的私有财产实行征收或者征用，要"依照法
律规定"；但是，给予补偿时却可以不"依照法律规定"。另一
种理解是，对公民的私有财产实行征收或者征用，要"依照法
律规定"；而且，给予补偿时也要"依照法律规定"。《〈宪法修
正案（草案）〉审议情况的报告》指出，为了避免理解上的歧
义，建议将上述两处规定中"并给予补偿"前面的逗号删去。①

---

① 2004 年 3 月 12 日《第十届全国人民代表大会第二次会议主席团关于〈中华人民共
和国宪法修正案（草案）〉审议情况的报告》。

删去该逗号，能够有效消除语构歧义，明晰表达立法意图，切实保护公民合法权益，得到法学家和人大代表的肯定。[①] 这在立法史上具有里程碑意义，是我国立法精细化的重要标志。

[①] 徐显明教授指出："这不是一个单纯语法上的问题，而是强调要清晰地表达立法原意。一个逗号之差，直接关系到公民、集体财产能否得到有力保护的问题。"《宪法修正案》中这两条的立法原意，是宣告国家保护合法私有财产的原则和精神。贯彻、实现这一原则，需要建立包括补偿在内的相应法律制度。只有依靠法律建立健全相关制度，才能切实保障公民权利。应松年教授对此同样给予高度赞赏，也认为"这个逗号删得非常好"，"删除逗号，等于廓清了立法本意，强调对于补偿不仅要依法保障，而且怎么补、补多少，还要依法进行规范，增强了依法补偿的法律力度"。该逗号的删除，给予农民代表毛兰珍一颗更踏实的定心丸。由于农村存在对土地征收、征用补偿不合理、不到位等问题，《宪法修正案》删去该逗号，更清楚地表明国家对征收、征用的补偿必须依法进行。参见崔丽、程刚、万兴亚：《将写入国史：宪法修正案里一个逗号的删改》，载《中国青年报》2004 年 3 月 14 日，第 12 版。余文唐：《法律文本：标点、但书及同类规则》，载《法律适用》2017 年第 17 期，第 57 页。

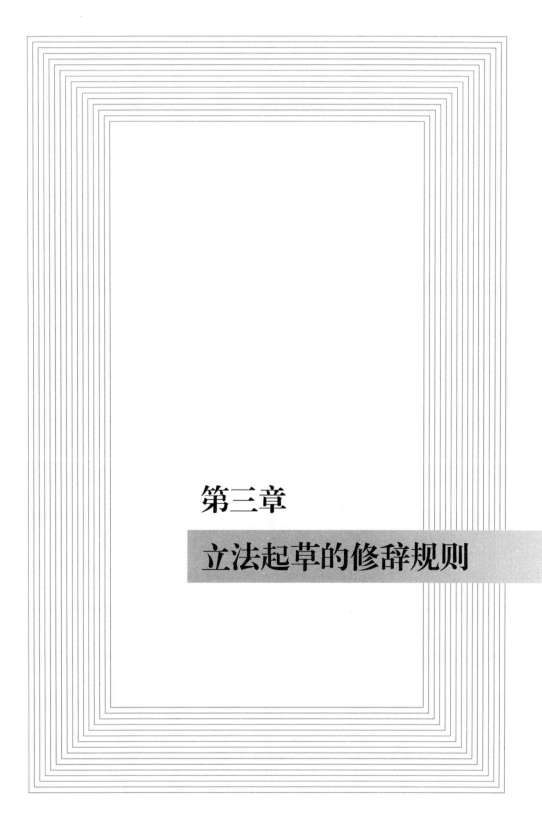

第三章

立法起草的修辞规则

修辞规则是立法起草技术的最高层面。迪克森（Dickerson）曾指出法案通常存在"语病、歧义、过于模糊、过于精确、概括过度或者词义缩小"等表达问题。[①] 除语病之外，这些问题主要属于修辞范畴。

"修辞"，既可以指"运用语言文字活动，努力提高语言文字的表达效果的活动"，也可以指"运用有关提高语言文字的表达效果的规律规则的总和"。[②] 修辞是综合运用语言的艺术。人们说话、写文章都离不开修辞。

修辞学就是关于如何运用适当的表达手段，以提高语言表达效果的相关规律的科学。通俗地说，"语法管的是通不通的问题，修辞管的是好不好的问题。'通'并不等于'好'，'好'并不等于'通'。'通'是'好'的基础，一般情况下，不通就谈不上好；'好'是'通'的更高要求。"[③] 在立法起草过程中，语词选用、语句锤炼、语体风格都属于修辞范畴。

立法修辞，是指立法者根据所制定法律规范的需要，通过选择最佳语言形式，提高表达准确性，从而强化表达效果的活动。立法语言要规范、准确、清晰，使用法言法语。立法修

---

① See Eric Lane, "Legislative Process and Its Judicial Renderings: A Study in Contrast", *U. Pitt. L. Rev.*, Vol.48, 1987, p.650.
② 王希杰：《修辞学导论》，湖南师范大学出版社 2011 年版，第 3—4 页。
③ 王希杰：《修辞学导论》，湖南师范大学出版社 2011 年版，第 59 页。

辞既包括立法者对立法语言的推敲，还包括立法者在立法论证、立法报告等立法进程中所运用的说服性方法及策略。立法修辞主要通过书面语言来体现，以获得法律的可接受性为最终目标。①

本书仅限于在立法起草语言层面研究修辞方法。立法起草的明确性与模糊性、准确性与严谨性、简洁性与细密性、专业性与通俗性、性别中立语等内容都属于立法修辞的范畴。

3.1 科学使用模糊用语

法律的明确性并不排斥立法语言需要适度模糊性。相对于自然语言，立法语言是最精确的语言。即便如此，立法语言也需要模糊用语，当且仅当：（1）法律规范内容难以通过准确的语言予以表述；（2）立法机关有意赋予司法机关一定自由裁量权。②自然语言中诸多语词的意义是模糊的，模糊用语没有明确的外延。

在法律中，立法用语的阴影语义（a vast penumbra）越宽，调整对象和司法官员对法律的解释空间越大，他们越有可能违背立法意图。依据法治原则，立法起草人应当缩小每部法律的

---

① 参见武飞：《论立法修辞的要素》，载《政治与法律》2012 年第 1 期，第 63 页。
② 参见赵秉志：《刑法立法研究》，中国人民大学出版社 2014 年版，第 194 页。

阴影语义范围，使普通语言使用者对于事实情况是否属于法律的核心语义有尽可能明确的认识，从而减少理解上的分歧。尽管立法起草人偶尔会有意使用模糊语义，但是他们不应当因疏忽而使用模糊语义。①

与明确具体的标准相比，诸如"情节严重""情节恶劣"等用语有着宽泛的阴影语义。②有时，立法起草人并不清楚也无从查明法律可能涉及的更为具体的情形，因而不能将其明确化。有时，法律的调整对象具有"中心多元化属性"（polycentric characteristics），亦即决策应适当地考虑诸多因素，以致立法起草人不能给决策者提供非常具体的建议。优秀的立法起草人应当尽其所能地认知相关主题，以此避免模糊用语，然而，他们有时却也无能为力。立法起草人有意使用模糊语词，只能作为最后的选择。而且，立法起草人至少应当在调研报告中说明使用模糊用语的正当性。③

---

① Ann Seidman, Robert B. Seidman and Nalin Abeyesekere, *Legislative Drafting for Democratic Social Change: A Manual for Drafters,* London: Kluwer Law International, 2001, p.261.

② Ann Seidman, Robert B. Seidman and Nalin Abeyesekere, *Legislative Drafting for Democratic Social Change: A Manual for Drafters,* London: Kluwer Law International, 2001, p.262.

③ Ann Seidman, Robert B. Seidman and Nalin Abeyesekere, *Legislative Drafting for Democratic Social Change: A Manual for Drafters,* London: Kluwer Law International, 2001, pp.262-263.

3.1.1 模糊用语的必要性

为了确保法律的稳定性和适应性，在必要的时候，可以使用模糊用语。"没有一种语言是如此丰富，以致能为每一种复杂的思想提供词汇和成语，或者如此确切，以致不会包括许多含糊表达不同思想的词汇和成语。"[1] 而且，使用必要的模糊用语，能够提高法律的稳定性和适应性。因此，法律不可避免地包含模糊用语。

模糊与歧义经常易被混淆，但是它们的确是两个不同概念。一般地，模糊（vagueness）是指术语缺乏精确性；歧义（ambiguity）是指语词具有几种可能的意义，但是，每一种意义都可能是精确的。[2]

3.1.2 立法用语不能过于模糊

立法用语不能过于模糊，否则，法律就会缺乏明确性、清晰性，不具有可操作性。[3] 语词或者短语的模糊（vague），是指难以明确断定该语词、短语所包含或者排除的对象。因此，

---

[1] ［美］汉密尔顿、杰伊、麦迪逊：《联邦党人文集》，程逢如、在汉、舒逊译，商务印书馆 1980 年版，第 209 页。

[2] ［美］罗纳德·芒森、安德鲁·布莱克：《推理的要素》（第七版），孔红译，中国轻工业出版社 2018 年版，第 247 页。

[3] 参见张越：《立法技术原理》，中国法制出版社 2020 年版，第 85 页。

如何对待法律中的模糊概念，是至关重要的。[①] 如果依然存在模糊或者歧义，应当根据立法意图调整表述。[②]

含混是模糊的表现形式。表现为模糊的含混，是对"含混"最基本的一种理解，也是逻辑上最重要的一种理解。含混术语的边界不清，或者边缘部分模糊；因此，对于一些情形，该术语可以适用，也可以不适用。[③]

[示例] 秃头的人是智者。

[评注] 表现为模糊的含混，其经典例子是"秃头"这一语词。长有浓密头发的人，显然不是秃头；一根头发都没有的人，显然是秃头。但是，脑袋边缘长有一圈头发的人，是否是秃头？或者，如果头顶秃了一大块，是否是秃头？由此可见，"秃头"这一语词并不精确，无法对前述问题给出清晰答案。如此这类边界情形越多，术语就越含混。因此，含混有个程度问题。[④]

[示例] 在互联网上传播儿童色情作品的，应当被逮捕并

---

① ［美］布鲁克·诺埃尔·摩尔、理查德·帕克：《批判性思维》(原书第十二版)，朱素梅译，机械工业出版社 2021 年版，第 49 页。
② 参见［美］杰克·戴维斯：《立法法律与程序》，姜廷惠译，商务印书馆 2022 年版，第 168 页。
③ ［美］罗纳德·芒森、安德鲁·布莱克：《推理的要素》(第七版)，孔红译，中国轻工业出版社 2018 年版，第 247 页。
④ ［美］罗纳德·芒森、安德鲁·布莱克：《推理的要素》(第七版)，孔红译，中国轻工业出版社 2018 年版，第 247 页。

判处十年以上监禁。

[**评注**]"儿童色情作品"这一语词的边界具有模糊性，尽管在很多情形下其含义是足够清晰的。日常语言的所有语词，根本上都具有某种含混性。然而，一些术语要比另一些术语含混得多。"蓝色""蔬菜""起瓶盖器"这些语词，就不像"高""大""小""民主""淫秽"等语词那样含混。判断一部作品是否"淫秽"，其不确定性比判断一事物是否为"蓝色"的不确定性要大得多。①

3.1.3 使用适度模糊的立法用语

为了提高法律的适应性和稳定性，在必要的时候使用适度模糊的立法用语。贝特兰·罗素曾说，直到试图追求精确的时候，你才会发现，在一定程度上，所有事物都是模糊的。② 模糊的语言经常令人困惑。但是，在合适情形下，模糊性语言是有价值的工具。③ 模糊的程度各不相同。要完全消除模糊，几乎是不可能的。值得庆幸的是，也没有必要完全消除模糊。在日常生活中，适度的模糊是完全可以接受的。何种程度的模

---

① 〔美〕罗纳德·芒森、安德鲁·布莱克:《推理的要素》(第七版)，孔红译，中国轻工业出版社 2018 年版，第 248 页。
② 〔美〕布鲁克·诺埃尔·摩尔、理查德·帕克:《批判性思维》(原书第十二版)，朱素梅译，机械工业出版社 2021 年版，第 50 页。
③ 〔美〕罗纳德·芒森、安德鲁·布莱克:《推理的要素》(第七版)，孔红译，中国轻工业出版社 2018 年版，第 253 页。

糊，是可接受的或者不可接受的？这一问题并没有标准答案，立法起草人只能谨慎一些，借助常识进行判断。立法起草人可以参照这一判断标准：如果立法用语因过于模糊而无法表达正确、有用的信息，其模糊程度就是不可接受的。[①]

过度精确的立法用语，会降低法律的适应性和稳定性。因此，在必要的时候，立法起草人有意地避免精确性而使用模糊性用语，以便司法执法机关可以作出不同解释。比如，宪法、法律、行政法规、地方性法规等，其中的某些重要术语，通常有意保持模糊性。譬如，立法起草人在《刑法》中使用"数额较大""数额特别巨大"等模糊用语，以便司法执法机关根据各地经济情况制定具体适用标准。这显然能够有效提高法律的适应性和稳定性。由此可见，有意使用适度模糊的立法用语，具有合理性、可行性。

3.2 提高立法起草明确性

"法律是肯定的、明确的、普遍的规范"[②]。意义明确、清

---

① 参见 [美] 布鲁克·诺埃尔·摩尔、理查德·帕克：《批判性思维》（原书第十二版），朱素梅译，机械工业出版社 2021 年版，第 50 页。

② 《马克思恩格斯全集》（第二版）（第一卷），人民出版社 2002 年版，第 71 页。

晰，是立法起草人最渴望实现的目标。[①]

明确性是立法起草的基本要求，对于提高立法质量具有重要意义。从技术上提高立法的明确性，是提高立法质量的重要手段，也是立法起草规则的重要内容。

3.2.1 对含混用语下定义

对含混用语下定义，是消除立法用语含混性、模糊性的便捷方法。

[示例] 儿童色情作品，是指不满十八周岁的人未着装状态的图画或者描述。[②]

[评注] 为了解决使用模糊语词造成的困惑，我们通常使用更精确的表达或者提供额外信息。如果这种方法不当而问题又很重要，可能就需要提出一套准则，以决定在有争议或者不明确的情况下如何使用语词。[③] 比如，在法律中设置定义条款，从而明确界定模糊术语的内涵和外延。关于下定义的方法和规则，详见本书第五章。

---

① 参见［美］杰克·戴维斯：《立法法律与程序》，姜廷惠译，商务印书馆 2022 年版，第 169 页。
② ［美］罗纳德·芒森、安德鲁·布莱克：《推理的要素》(第七版)，孔红译，中国轻工业出版社 2018 年版，第 248 页。
③ ［美］罗纳德·芒森、安德鲁·布莱克：《推理的要素》(第七版)，孔红译，中国轻工业出版社 2018 年版，第 256 页。

［案例］"站内厕所"案

财政部、原国家计划委员会^①曾联合发布 93 财综字第 152 号文，取缔一批收费项目，包括取缔火车站站内厕所收费。而后，两名年轻人葛某、李某分别在河南郑州、江西萍乡起诉铁路部门。两起案件有着相同的争议焦点："站内厕所"的具体含义是什么？按照文义解释，"站内厕所"是指火车站内的厕所，而不是火车站外的厕所。但是，"火车站内"依然不明确，可以作两种解释：一是"火车站范围内"，二是"火车站站台内"。两种解释皆符合文义。^②

值得注意的是，对于两起相同案件，两地法院判决结果截然不同。葛某诉铁路部门案，一审法院判决原告败诉；李某诉铁路部门案，一审法院、二审法院均判决原告胜诉。主要原因是，葛某诉铁路部门案中，法院将"站内厕所"解释为"火车站站台内"的厕所；李某诉铁路部门案中，法院将"站内厕所"解释为"火车站范围内"的厕所。

为了明确法律概念，财政部、原国家计划委员会专门复函^③，对"站内厕所"的含义进行解释："'站内厕所'，指车站

---

① 2003 年，国家计划委员会改组为国家发展和改革委员会。
② 参见梁慧星：《裁判的方法》（第四版），法律出版社 2021 年版，第 199—200 页。
③ 财政部综合司、国家计委价格司《关于明确"站内厕所收费"涵义的复函》。

范围内，包括进站通道、候车室及站台上等处设立的厕所。"这一解释，运用的是下定义的逻辑方法。

3.2.2 使用概念的限制

使用概念的限制，是提高立法起草明确性的逻辑方法。根据逻辑学原理，概念限制就是根据种属概念之间的反变关系，通过增加概念的内涵，从而使属概念过渡到其种概念的逻辑方法。[①] 在语法上，就是给概念使用限制语以限定其外延，从而明确中心语所表示事物的范围。

在立法起草中，倘若所用概念的外延模糊不清，就不利于法律条文的理解与适用。运用概念限制方法能够使法律概念及其适用范围明确化。在法律条文研拟中，有些法律概念由不明确到明确，在逻辑上应当归功于概念限制方法的运用。

[案例]"列车开水收费"案

1990 年《铁路法》颁布后，山西太原铁路局在其管辖线路的列车上，实行有偿供水，对白开水收费。旅客反响很大，因为，自新中国成立以来，从未听说乘坐火车，喝白开水要缴费。铁道部责令太原铁路局纠正该行为。太原铁路局认为，有偿提供开水符合《铁路法》的规定。其理由是，《铁路法》第

———————

① 龚启荣主著：《客体逻辑导引》，人民日报出版社 2011 年版，第 58 页。

13 条明文规定"提供饮用开水",并未写明"无偿"提供;如果法律的含义是无偿提供开水,就应当使用"无偿"进行限定。那么,太原铁路局的理由是否成立?根据文义解释,"提供饮用开水"既包含无偿提供,也包含有偿提供。由此可见,太原铁路局的理由,并不是没有道理。于是,铁道部针对第13 条发布文件,指出《铁路法》从起草到通过,该条"提供饮用开水"的含义始终都是"'无偿'提供饮用开水"。[①]

[**示例1**] 铁路运输企业应当采取有效措施做好旅客运输服务工作,做到文明礼貌、热情周到,保持车站和车厢内的清洁卫生,提供饮用开水,做好列车上的饮食供应工作。(1990年《铁路法》第13 条第1 款)

[**示例2**] 铁路运输企业应当采取有效措施做好旅客运输服务工作,做到文明礼貌、热情周到,保持车站和车厢内的清洁卫生,无偿提供饮用开水,做好列车上的饮食供应工作。

[**评注**] 结合立法意图,为了提高立法用语的明确性,应当使用概念的限制这一逻辑方法。亦即,在概念"提供"之前使用限制语"无偿",从而提高法条表述的明确性。

再如,《民法典》编纂过程中,将"代管人"修改成"财

[①] 参见梁慧星:《裁判的方法》(第四版),法律出版社2021 年版,第198—199 页。

产代管人"，也是通过概念的限制，提高立法起草的明确性。

［**示例 1**］失踪人所欠税款、债务和应付的其他费用，由代管人从失踪人的财产中支付。（2009 年《民法通则》第 21 条第 2 款）

［**示例 2**］失踪人的财产由其配偶、成年子女、父母或者其他愿意担任财产代管人的人代管。（2017 年《民法总则》第 42 条第 1 款）

［**示例 3**］财产代管人应当妥善管理失踪人的财产，维护其财产权益。（《民法典》第 43 条第 1 款）

［**评注**］在《民法通则》中，"代管人"实际是指失踪人财产的代管人，但是并未使用"财产代管人"这一术语。[①]由于"代管人"还可以理解为其他事项的代管人，因此，该用语不够明确。在逻辑上，概念的限制是提高明确性的逻辑方法。在《民法典》中，通过概念的限制，对概念"代管人"增加内涵"财产"，从"代管人"过渡到"财产代管人"，这使条文表述明确、具体。

类似地，如下示例也是通过概念的限制，提高了立法起草的明确性。

[①] 参见张越：《〈民法典〉的立法技术创新与探索》，人民法院出版社 2021 年版，第 108 页。

［**示例 1**］权利人、利害关系人可以申请查询、复制登记资料，登记机构应当提供。（2007 年《物权法》第 18 条）

［**示例 2**］权利人、利害关系人可以申请查询、复制不动产登记资料，登记机构应当提供。（《民法典》第 218 条）

［**评注**］2007 年《物权法》第 18 条的"登记资料"，是指哪些登记资料，并不明确。《民法典》第 218 条在"登记资料"之前增加"不动产"这一限制语，无疑提高了立法起草的明确性。

3.2.3 遵循同一性原则

遵循同一性原则，是提高立法起草明确性的方法。根据立法起草的同一性原则，表达相同概念，使用同一语词；表达不同概念，使用不同语词。遵循同一性原则，是提高立法起草明确性的重要方法之一。相反，在同一部法律中，使用不同语词表达相同概念，或者使用相同语词表达不同概念，势必会削弱法律的明确性。

同一性原则不仅适用于同一部法律，也适用于不同法律之间。[①] 如果同一用语具有不同含义，就会影响法律的准确理解

---

① 董坤：《刑事诉讼法用语的同一性与相对性》，载《法学评论》2023 年第 1 期，第 119 页。

和适用①，增加法律的解释成本。遵循用语同一性原则，确保不同法律之间相关条文的协调、衔接，有助于实现法律体系的融贯性。②

［**示例1**］动物园的动物造成他人损害的，动物园应当承担侵权责任，但能够证明尽到管理职责的，不承担责任。（2009年《侵权责任法》第81条）

［**示例2**］动物园的动物造成他人损害的，动物园应当承担侵权责任；但是，能够证明尽到管理职责的，不承担侵权责任。（《民法典》第1248条）

［**评注**］立法起草人应当始终遵守立法起草的"黄金法则"，亦即，使用相同语词表达相同含义，使用不同语词表达不同含义。2009年《侵权责任法》第81条的用语"责任"，如果意指"侵权责任"，那么不应当使用简写；否则，会造成表意不明确。相比而言，《民法典》将该条中的"责任"修改成"侵权责任"，用语前后一致，表意明确。

3.2.4 使用精确数字代替模糊用语

使用精确数字代替模糊用语，提高法律的明确性、可操

---

① 参见董坤:《刑事诉讼法用语的同一性与相对性》，载《法学评论》2023年第1期，第119页。

② 参见董坤:《刑事诉讼法用语的同一性与相对性》，载《法学评论》2023年第1期，第120页。

作性。

［**示例 1**］经济发达且人均耕地特别少的地区（《耕地占用税法（草案）》第 5 条）

［**示例 2**］在人均耕地低于零点五亩的地区（《耕地占用税法》第 5 条）

［**评注**］"人均耕地特别少"的具体内涵、外延和判断标准，并不清晰，可操作性不强，影响法律的权威性。[①] 鉴于此，立法机关将该用语修改为"在人均耕地低于零点五亩的地区"，这能够明显提高该条款的明确性、可操作性。

3.3 使用性别中立语

3.3.1 避免使用性别歧视性语言

性别歧视性语言主要是指歧视妇女的语言。性别歧视性语言将男性当作社会的中心，使用指称男性的语言同时指称女性，以致女性在社会中被认为是微不足道的。随着女权运动的兴起，性别歧视性语言逐步受到女权主义者的强烈抵制。

立法起草应当使用性别中立语言，避免使用性别歧视性语言。性别中立语言，是指同时包括诸性别，平等对待男性、

---

① 参见《全国人大宪法和法律委员会关于〈耕地占用税法（草案）〉审议结果的报告》（2018 年 12 月 23 日）。

女性的语言。性别中立语对应于性别歧视性语言。如果法案条文使用男性"他"代替女性"她",那么女性有理由认为她们不适用该条文。[①]针对立法机关使用"他""他的"同时意指"她""她的"这种性别歧视性语言的表述方法,宜采用性别中立语理论进行修正。

性别中立性用语研究值得关注。以"he(him, his)"同时指称"she(her, hers)"的立法表述,引起女权主义者们的强烈抗议。她们要求摒弃性别歧视性语言。立法学家们对性别中立语言展开研究,认为立法起草应当避免性别歧视性语言,使用性别中立语言。[②]这在英美世界立法理论与实践中已经达成共识。

在表达功能和效果上,性别中立语言能够体现男女平等的现代法治理念;除此之外,有学者指出性别中立语言还能提高立法表达的准确性。[③]

性别中立语言能够有效提高立法语言的准确性、清晰性。

---

① [希腊][英]海伦·赞塔基:《立法起草:规制规则的艺术与技术》,姜孝贤译,法律出版社 2022 年版,第 111 页。
② G. C. Thornton, *Legislative Drafting* (3rd Edition), London: Butterworths, 1987, pp.78-79. Ann Seidman, Robert B. Seidman and Nalin Abeyesekere, *Legislative Drafting for Democratic Social Change: A Manual for Drafters*, London: Kluwer Law International, 2001, p.241.
③ Helen Xanthaki, "On Transferability of Legislative Solution: The Functionality Test", in Constantin Stefanou & Helen Xanthaki(ed.), *Drafting Legislation: A Modern Approach*, Farnham: Ashgate, 2008, p.15.

为了避免使用性别歧视性语言，立法起草人应当正确掌握使用性别中立语言的技术和方法，包括重复、省略、语句重组、语态变换、可替性代词等。①

1 重复。对相关语词进行重复，有效避免使用性别歧视性代词。

一个已经普遍使用的规则，是通过名词的重复来避免使用男性代词。重复通常是立法起草实现性别中立的一种标准方法。立法起草人在大多数情形下能够找到避免使用"他"或者"她"的方法，只需将前文所用名词重复一次即可替换代词。

〔**示例 1**〕教唆他人犯罪的，应当按照他在共同犯罪中所起的作用处罚。(《刑法》第 29 条第 1 款）

〔**示例 2**〕教唆他人犯罪的，应当按照教唆人在共同犯罪中所起的作用处罚。

〔**示例 3**〕如果部长发现某地区水源短缺，他应当宣布本地区用水紧急。

〔**示例 4**〕如果部长发现某地区水源短缺，部长应当宣布

---

① Daniel Greenberg, "The Techniques of Gender-neutral Drafting", in Constantin Stefanou & Helen Xanthaki(ed.), *Drafting Legislation: A Modern Approach*, Farnham: Ashgate, 2008, pp.67-75. See Ian McLeod, *Principles of Legislative and Regulatory Drafting*, Oxford: Hart Publishing, 2009, pp.76-78.

本地区用水紧急。①

［评注］立法起草使用性别中立语言，不使用性别歧视性语言，是立法起草的国际惯例。而且，使用性别中立语言，有助于提高立法起草的准确性。上述示例中，可以分别通过重复使用"教唆""部长"，避免使用性别代词"他"。

值得肯定的是，实践中已有立法例，通过重复使用相关语词，避免使用性别代词。如下示例，通过重复使用"成年人""债务人""警务辅助人员"等语词，避免使用性别代词"他"。

［示例1］不能辨认或者不能完全辨认自己行为的成年人，其利害关系人或者有关组织，可以向人民法院申请认定该成年人为无民事行为能力人或者限制民事行为能力人。(《民法典》第24条第1款）

［示例2］债务人接到债权转让通知后，债务人对让与人的抗辩，可以向受让人主张。(《民法典》第548条）

［示例3］县级以上人民政府公安机关应当定期组织警务辅助人员参加健康查体，加强警务辅助人员心理健康教育和辅

---

① Ann Seidman, Robert B. Seidman and Nalin Abeyesekere, *Legislative Drafting for Democratic Social Change: A Manual for Drafters*, London: Kluwer Law International, 2001, p.241.

导，提高警务辅助人员身心健康水平。(《山东省公安机关警务辅助人员条例》第 23 条)

2 省略。如果根据法律条文的语境，省略代词之后，语义仍然是明确的，那么省略性别歧视性代词。

省略，是指省去带有性别歧视性的人称代词。省略是立法起草人十分乐意考虑的代替重复表述的方法。

［**示例 1**］因不满十六周岁不予刑事处罚的，责令他的家长或者监护人加以管教；在必要的时候，也可以由政府收容教养。(《刑法》原第 17 条第 4 款)

［**示例 2**］因不满十六周岁不予刑事处罚的，责令家长或者监护人加以管教；在必要的时候，也可以由政府收容教养。

［**评注**］无歧义性是立法起草的基本要求。在诸多成文法中，"他"可以同时指代"他"和"她"。[①]第二例中，通过省略"他的"，避免使用性别代词，消除歧义，提高刑法用语的准确性。

3 重组。通过重组法律条文语句，避免使用性别歧视性代词。

省略方法只在有限程度上起作用。若要避免性别歧视性代

[①]　[希腊][英]海伦·赞塔基:《立法起草：规制规则的艺术与技术》，姜孝贤译，法律出版社 2022 年版，第 111 页。

词，又要做到既不省略必要内容又不借助冗长替代，可以考虑
通过多种方法重组语句，从而避免使用代词，这不失为可行
方法。

［**示例1**］司法工作人员徇私枉法、徇情枉法，对明知是
无罪的人而使他受追诉、对明知是有罪的人而故意包庇不使他
受追诉。(《刑法》第399条）

［**示例2**］司法工作人员徇私枉法、徇情枉法，对明知是
无罪的人而故意追诉、对明知是有罪的人而故意不追诉

［**评注**］第2例通过对法律条文语句进行重组，避免使用
性别代词"他"。

4 语态变换。将语句由主动语态变为被动语态，避免使用
性别歧视性语言。

［**示例1**］Where a person gives a notice to the CEO on a Tuesday,
he must give the notice on pink paper and by pigeon post. （某人在星
期二给首席执行官拟写通知，他必须使用粉红色信笺并通过信
鸽邮寄。）

［**示例2**］A *notice* given to the CEO on a Tuesday must be given
on pink paper and by pigeon post. （在星期二拟写给首席执行官的

通知，必须使用粉红色信笺并通过信鸽邮寄。）①

［评注］第 2 例使用被动语态，以 "notice" 做主语，避免使用性别代词 "he"。

5 可替性代词。使用性别中立的人称代词"其"，代替性别歧视性代词"他"。

可替性代词已被接受为是性别中立的，而且对于最佳起草结构没有干扰或者干扰不大。

［**示例 1**］因不满十六周岁不予刑事处罚的，责令他的家长或者监护人加以管教；在必要的时候，也可以由政府收容教养。（《刑法》原第 17 条第 4 款）

［**示例 2**］因不满十六周岁不予刑事处罚的，责令其父母或者其他监护人加以管教；在必要的时候，依法进行专门矫治教育。（《刑法》第 17 条第 5 款）

［**评注**］《刑法修正案（十一）》将原条款中"他的"，修正为性别中立代词"其"，符合性别中立语言规则，是值得肯定的。

［**示例 1**］选民如果是文盲或者因残疾不能写选票的，可以委托他信任的人代写。（《山东省县乡两级人民代表大会选举

---

① See Constantin Stefanou & Helen Xanthaki(ed.), *Drafting Legislation*: *A Modern Approach*, Farnham: Ashgate, 2008, pp.67-70.

实施细则》第 43 条第 2 款）

［**示例 2**］选民如果是文盲或者因残疾不能写选票的，可以委托其信任的人代写。

［**评注**］在第 2 例中，用"其"代替"他"，避免使用性别代词，既能实现立法用语的准确性、明确性，又符合男女平等的宪法原则。

［**示例 1**］造成被拐卖的妇女、儿童或者其亲属重伤、死亡或者其他严重后果的。（《刑法》第 240 条第 1 款第 7 项）

［**示例 2**］不满八周岁的未成年人为无民事行为能力人，由其法定代理人代理实施民事法律行为。（《民法典》第 20 条）

［**示例 3**］代表候选人及其近亲属不得主持本选区的投票选举，也不得担任监票人、计票人。（《山东省县乡两级人民代表大会选举实施细则》第 41 条第 2 款）

［**示例 4**］儿童有特异体质、特定疾病或者其他生理、心理异常状况的，其父母或者其他监护人应当在入园前书面告知幼儿园。（《山东省学前教育条例》第 37 条第 2 款）

［**评注**］性别中立语言是实现准确性的工具，能够提高立法起草的性别明确性。[①] 上述示例，均使用性别中立的人称代

---

① ［希腊］［英］海伦·赞塔基：《立法起草：规制规则的艺术与技术》，姜孝贤译，法律出版社 2022 年版，第 8 页。

词"其"，避免使用性别代词，有助于确保法律语句的准确性、明确性。

3.3.2 "他人"不违反性别中立语言规则

"他人"不属于性别歧视性语言，不违反性别中立语言的规则。

［示例］以暴力、胁迫或者其他方法强制猥亵他人或者侮辱妇女的，处五年以下有期徒刑或者拘役。（《刑法》第237条第1款）

［评注］现代汉语中，"他人"指别人、第三人；而且，也没有"她人"这一表示方式。因此，"他人"不属于性别歧视性语言，不违反性别中立语言的规则。示例中的"他人"，具有无性别指代性。此外，《刑法修正案（九）》将"强制猥亵妇女"修改为"强制猥亵他人"，意在将强制猥亵男性入刑，填补刑法漏洞。

第四章

法律规范的表述规则

制定法的主要功能是指引性的，既科以义务，又授予权利。[①] 为了充分发挥制定法的指引功能，立法起草人应当准确使用"可以""应当""必须"等用语，科学表述法律规范。

4.1 授权性法律规范

表述授权性法律规范，使用"可以"或者"有权"，不能混淆使用"可以"与"有权"。在立法起草中，"有权"与"可以"是引导法律规范的常用词。立法理论与实践中，常把"有权"与"可以"等同起来，用于表达授权性规范。但是，两种表述方式在授权效果上存在明显差异。

在授权性规范表述模式中，"有权"（或者"有……权利"）与"可以"所产生的效果差异显著。"有权"既能充分体现权利主体的中心地位，又能产生建议、鼓励权利主体积极行使权利的法律效果；而"可以"型授权规范表述模式虽然也能体现尊重行为主体的意思自治，但是"可以 A"意味着"可以不A"的逻辑，决定了这种授权规范表述模式不但不具有建议、鼓励权利主体积极行使权利的法律效果，甚至还有希望或者放任权利主体怠慢自己权利的负面效果。

---

① ［波］克日什托夫·克里登斯、斯坦尼丝洛·哥兹－罗什科夫斯基主编：《语言与法律：国际视角》，黄凤龙、刘远萍译，中国政法大学出版社 2017 年版，第 69 页。

4.1.1 授予自由裁量权

授予自由裁量权，使用"可以"。

1 对于罚款、罚金数额，规定上限不规定下限的，能够使用"可以"。

［**示例**］……的，可以处五千元以下罚金。

2 规定确定罚金、罚款数额、法定刑幅度或者其他处罚类型的，"处"之前不能使用"可以"。

［**示例 1**］……的，处五千元罚金。

［**示例 2**］……的，处五千元至一万元罚金。

［**示例 3**］违反本条例第十一条第一款规定，从事拼装、加装、改装电动自行车经营性活动的，由市场监督管理部门责令改正，处二千元以上二万元以下罚款；有违法所得的，没收违法所得。（《安徽省电动自行车管理条例》第 37 条）

［**示例 4**］擅自进入铁路防护网或者火车来临时在铁路线路上行走坐卧、抢越铁路，影响行车安全的，处警告或者二百元以下罚款。（《治安管理处罚法》第 36 条）

［**示例 5**］以暴力、胁迫或者其他手段强奸妇女的，处三年以上十年以下有期徒刑。（《刑法》第 236 条第 1 款）

［**评注**］"可以"的使用，尤其应当注意。原因在于，肯定性法律规范"可以做某事"及其相应否定性法律规范"可以不做某事"，能够同时成立。如果忽视"可以"的特殊性，那么

相关法律规范表述可能会误用该词，并造成逻辑悖论。上述示例，均已明确规定罚金、罚款具体数额或者幅度，或者法定刑幅度；因此，"处"之前不能使用"可以"。

3 规定具备某种犯罪情节或者违法情节，独立刑种或者处罚类型之前不能使用"可以"。

［**示例 1**］情节特别严重的，可以处死刑。

［**示例 2**］情节特别严重的，处死刑。

［**示例 3**］情节特别严重的，处无期徒刑或者死刑。

［**示例 4**］驾驶电动自行车不按交通信号、标识规定通行或者逆行的处三百元罚款。(《深圳经济特区道路交通安全违法行为处罚条例》第 10 条第 1 款)

［**评注**］"死刑"是独立刑种，"可以"具有一定模糊性。如果使用"可以"，意味着在一定情形下，对被告人也"可以不处死刑"，会造成死刑适用悖论。如果不使用"可以"，就设置了绝对死刑，亦即，犯罪情节特别严重的，"应当"处死刑。这就会过于严格地限制法官的自由裁量权，制约量刑公正的实现，逐步为现代刑法立法所摒弃。上述示例，只有第 3 例、第 4 例是规范表述。其中，第 3 例能够有效避免死刑适用悖论和绝对死刑。第 4 例中，"处三百元罚款"是独立处罚类型，"处"之前不使用"可以"。

4.1.2 授予公民、法人、其他组织的权利

授予公民、法人、其他组织的权利，使用"有权"，不使用"可以"。

［示例1］地方各级人民代表大会代表的选举单位和选民有权依照法律规定的程序罢免由他们选出的代表。(《宪法》第102条第2款)

［示例2］人民法院审理案件，除法律规定的特别情况外，一律公开进行。被告人有权获得辩护。(《宪法》第130条)

［示例3］受到噪声侵害的单位和个人，有权要求侵权人依法承担民事责任。(《噪声污染防治法》第86条第1款)

［示例4］人民法院按照审判监督程序再审的案件，发生法律效力的判决、裁定是由第一审法院作出的，按照第一审程序审理，所作的判决、裁定，当事人可以上诉。(《民事诉讼法》第218条第1款第1分句)

［示例5］辩护律师可以同在押的犯罪嫌疑人、被告人会见和通信。其他辩护人经人民法院、人民检察院许可，也可以同在押的犯罪嫌疑人、被告人会见和通信。(《刑事诉讼法》第39条第1款)

［评注］授予公民、法人、其他组织的权利，如果使用"有权……"的表述模式，就等于规定了相对义务人保障权利人实现权利的义务。因此，为了凸显权利属性，立法机关在授

予权利时，应当使用"有权……"或者"有……的权利"，而不应当使用"可以……"这种表述模式。

此外，需要注意的是，授予公民、法人、其他组织的权利，不得混淆权利性规范与义务性规范。在立法用语上，不能混淆使用"有权"与"应当"。

［示例1］使用注册商标的，并应当标明"注册商标"或者注册标记。（1982年、1993年《商标法》第7条第2分句）

［示例2］商标注册人有权标明"注册商标"或者注册标记。（2001年《商标法》第9条第2款）

［评注］修正后的《商标法》将"应当"修改为"有权"，旨在明确授予、保护商标注册人权利。

4.2 义务性或者职责性法律规范

表述义务性或者职责性法律规范，使用"必须"或者"应当"。但是，由于"必须"和"应当"的语气程度、行为主体不同，应当区分使用"必须"与"应当"。

先结合"必须"和"应当"的基本语义和日常用法考察二者的界限。"必须"的含义有二：（1）事理和情理上一定要

（怎样做）；（2）加强命令语气。① 例如，习近平同志指出："一切违反宪法和法律的行为，都必须予以追究。"② "应当"也主要是在两种意义上使用的：（1）情理上或者事理上需要；（2）估计或者推测。③ 毛泽东同志在关于《中国人民志愿军应当和必须入朝参战》的指示中，也曾区分使用"应当"和"必须"："我们认为应当参战，必须参战。参战利益极大，不参战损害极大。"④

"必须"与"应当"均能够引导义务性规范，其主要区别在于两者强烈程度不同。例如，《刑法》第 48 条"对于应当判处死刑的犯罪分子，如果不是必须立即执行的"，这一表述同时使用"应当"和"必须"，就是因为对罪行极其严重的犯罪分子，虽然依据刑法规定应当判处死刑，但是在司法实务中要有所区分：有的主观恶性和人身危险性极大，在法理、情理上讲，必须立即执行死刑；有的真诚悔罪、积极赔偿、得到被害人家属谅解，宜认定为"不是必须立即执行的"。

根据立法技术规范，"应当"与"必须"的含义没有实质

---

① 朱景松主编：《现代汉语虚词词典》，语文出版社 2007 年版，第 27 页。

② 习近平：《在首都各界纪念现行宪法公布施行三十周年大会上的讲话》，载中共中央文献研究室编：《十八大以来重要文献选编》（上），中央文献出版社 2014 年版，第 88 页。

③ 丁声树等：《现代汉语语法讲话》，商务印书馆 2009 年版，第 93 页。

④ 《毛泽东文集》（第六卷），人民出版社 1999 年版，第 104 页。

区别。^①在刑法理论与实践中，"必须"与"应当"引导的刑法规范都是刚性规范或者硬性规定。比如，对于具有"应当型"量刑情节的被告人，量刑时必须考虑适用该情节。^②立法技术规范还指出，法律在表述义务性规范时，一般用"应当"，不用"必须"。^③其应有之义是，"一般"使用"应当"，并不排除使用"必须"。

4.2.1 "必须"的使用规则

"必须"用于强调行为主体有义务或者职责做某事，有强烈的命令语气，用于责令责任主体严格履行职责、保障公民权利。

［**示例 1**］死刑只适用于罪行极其严重的犯罪分子。对于应当判处死刑的犯罪分子，如果不是必须立即执行的，可以判处死刑同时宣告缓期二年执行。（《刑法》第 48 条第 1 款）

［**示例 2**］死刑除依法由最高人民法院判决的以外，都应当报请最高人民法院核准。（《刑法》第 48 条第 2 款）

［**示例 3**］受委托人民法院收到委托函件后，必须在十五日内开始执行，不得拒绝。（《民事诉讼法》第 240 条第 1 款）

---

① 《立法技术规范（试行）（一）》。
② 高铭暄、马克昌主编：《刑法学》(第六版)，北京大学出版社、高等教育出版社 2014 年版，第 256 页。
③ 《立法技术规范（试行）（一）》。

［**示例4**］人民法院审理民事案件，必须以事实为根据，以法律为准绳。(《民事诉讼法》第7条)

［**示例5**］劳动安全卫生设施必须符合国家规定的标准。(《劳动法》第53条第1款)

［**示例6**］产品质量检验机构必须对其出具的检验报告负责，不得伪造检验数据和检验结论。(《吉林省产品质量监督条例》第20条)

［**评注**］死刑案件必须报请最高人民法院核准，旨在强调保障犯罪嫌疑人、被告人或者犯罪人的生命权。刑法既是自由人的大宪章，又是犯罪人的大宪章，在突出强调保障犯罪人的人权，尤其是生命权的法律规范中要使用"必须"。《刑法》第48条第1款就是以"必须"来保障犯罪人的生命权。"必须立即执行"中的"必须"，用于表达严厉打击犯罪的刑法机能。后面几例中的"必须"，强调行为主体要严格履行职责或者义务。比如，《民事诉讼法》第7条的"必须"，用于强调人民法院要严格贯彻"以事实为根据，以法律为准绳"的基本原则。

4.2.2 "应当"的使用规则

对行为主体设定义务或者规定职责的，使用"应当"。"应当"在语气强烈程度上弱于"必须"。

［**示例1**］死刑只适用于罪行极其严重的犯罪分子。对于应当判处死刑的犯罪分子，如果不是必须立即执行的，可以判

处死刑同时宣告缓期二年执行。(《刑法》第 48 条第 1 款)

[**示例 2**] 人民法院审理民事案件，应当保障和便利当事人行使诉讼权利，对当事人在适用法律上一律平等。(《民事诉讼法》第 8 条)

[**示例 3**] 公共交通经营者应当采取措施保护用户隐私和数据安全，不得违法收集、使用、泄露个人信息。(《江苏省公共交通治安管理条例》第 16 条第 2 款)

[**评注**] "应当"具有义务之意，引导义务性规范，如果行为主体不履行该义务，则要承担相应法律责任。[①] "应当"与"必须"的区别，主要在语气强烈程度方面。在语气强烈程度上，"应当"弱于"必须"。

值得注意的是，已有立法例将"必须"修改为"应当"。这客观表明，"应当"与"必须"之间，存在语气强烈程度上的区别。

[**示例 1**] 法律部分条文被修改或者废止的，必须公布新的法律文本。(2000 年《立法法》第 53 条第 2 款)

[**示例 2**] 法律被修改的，应当公布新的法律文本。(2015 年《立法法》第 59 条第 2 款)

---

① 罗传贤:《立法程序与技术》(增订四版)，五南图书出版公司 2005 年版，第 181—182 页。

［**示例3**］股份的发行，实行公开、公平、公正的原则，必须同股同权，同股同利。（2004年《公司法》第130条第1款）

［**示例4**］股份的发行，实行公平、公正的原则，同种类的每一股份应当具有同等权利。（2005年《公司法》第127条第1款）

［评注］"必须"与"应当"的主要区别，表现在语气强烈程度不同。只有需要特别强调的事项，才使用"必须"；否则，使用"应当"。比如，《刑法》第48条第1款规定："对于应当判处死刑的犯罪分子，如果不是必须立即执行的，可以判处死刑同时宣告缓期二年执行。"类似地，《公司法》的以上示例，不需使用"必须"，宜使用"应当"。

此外，还有立法例也将"必须"修改为"应当"，淡化监管行为的强制性色彩。

［**示例1**］境内企业直接或者间接到境外发行证券或者将其证券在境外上市交易，必须经国务院证券监督管理机构依照国务院的规定批准。（2014年《证券法》第238条）

［**示例2**］境内企业直接或者间接到境外发行证券或者将其证券在境外上市交易，应当符合国务院的有关规定。（2019年《证券法》第224条）

［**评注**］对于境内企业在境外发行证券或者上市交易的行

为，2014年《证券法》以事前的实质审核为主要方式，且使用"必须"，表达了境内监管的强制性。经修订的《证券法》，对境内企业跨境融资活动的管制予以放宽，淡化监管的强制性色彩；因此，将2014年《证券法》第238条中的"必须"修改为"应当"。[①]

需要注意的是，对行为主体设定义务或者规定职责，不能使用"可以"。

[示例1]列入常务委员会会议议程的重要的法律案，经委员长会议决定，可以将法律草案公布，征求意见。各机关、组织和公民提出的意见送常务委员会工作机构。（2000年《立法法》第35条）

[示例2]列入常务委员会会议议程的法律案，应当在常务委员会会议后将法律草案及其起草、修改的说明等向社会公布，征求意见，但是经委员长会议决定不公布的除外。（2015年《立法法》第37条第1句）

[评注]《立法法》将该条款中的"可以"修正为"应当"，进一步明确地确立公开征求意见原则。[②]

[①] 郭锋等：《中华人民共和国证券法制度精义与条文评注》，中国法制出版社2020年版，第1032页。

[②] 参见张越：《立法技术原理》，中国法制出版社2020年版，第137页。

4.2.3 不得省略规范模态词

为了提高义务性条款的明确性，充分发挥法的指引功能，不得省略规范模态词。

［示例1］董事会应当对会议所议事项的决定作成会议记录，出席会议的董事和记录员在会议记录上签名。（2004年《公司法》第118条第2款）

［示例2］董事会应当对会议所议事项的决定作成会议记录，出席会议的董事应当在会议记录上签名。（2005年《公司法》第113条第2款）

［评注］第1例中，究竟是"应当"还是"可以"在会议记录上签名，并不明确。第2例增加规范模态词"应当"，使该条款表述更具明确性。对于该条的理解、适用，"应当"一词也能使该规范具有确定性，更好发挥法的指引功能。

4.3 禁止性法律规范

表述禁止性法律规范使用"禁止""不允许""不得"，不使用"不能"。"禁止"与"不得"之间是差等关系，在禁止性规范强烈程度上，"禁止"强于"不得"。"禁止"用来表示对权利、特权、权力设定禁区，"不得"用来表达对权利、特权、权力的限制。

4.3.1 禁止性规范的表述

对权利、特权、权力作出禁止性规定的，使用"禁止"或者"不允许"。

1 使用"禁止"或者"不允许"，表达禁止特权或者权力。

［**示例1**］不允许任何人有超越法律的特权。(《刑法》第4条）

［**示例2**］国家保障自然资源的合理利用，保护珍贵的动物和植物。禁止任何组织或者个人用任何手段侵占或者破坏自然资源。(《宪法》第9条第2款）

［**评注**］《刑法》第4条使用"不允许"，禁止任何人有超越法律的特权；《宪法》第9条第2款使用"禁止"，意图表达任何组织或者个人均没有权力、权利使用任何手段侵占或者破坏自然资源。

2 使用"禁止"或者"不允许"，表达禁止权利。

［**示例1**］以牟利为目的，倒卖国家禁止经营的文物。(《刑法》第326条第1款）

［**示例2**］禁止在易燃易爆危险的场所吸烟或者擅自动用明火。(《陕西省消防条例》第30条第1款）

［**示例3**］禁止擅自在铁路线路上铺设平交道口和人行过道。(《江苏省铁路安全管理条例》第33条）

［**评注**］上述示例使用"禁止"，来表示对权利设定禁区。

比如，《陕西省消防条例》第30条第1款使用"禁止"，表示不允许公民在易燃易爆这类危险场所行使吸烟、擅自动用明火的权利。

4.3.2 "不得"的使用规则

对权利、权力作出限制性规定的，使用"不得"。

1 使用"不得"，表达限制权力。

[示例1] 不得没收属于犯罪分子家属所有或者应有的财产。（《刑法》第59条第2款）

[示例2] 任何组织或者个人都不得以任何方式干预选民或者代表自由行使选举权。（《选举法》第36条）

[评注]"不得"用于立法机关对权力作出限制性规定。上述示例，立法机关通过使用"不得"，分别限制人民法院、组织、个人的权力。

2 使用"不得"，表达限制权利。

[示例1] 被判处管制的犯罪分子，在执行期间，应当遵守下列规定：……（二）未经执行机关批准，不得行使言论、出版、集会、结社、游行、示威自由的权利。（《刑法》第39条第2项）

[示例2] 代表候选人的近亲属不得担任监票人、计票人。（《选举法》第43条第2款）

[示例3] 监护人除为维护被监护人利益外，不得处分被

监护人的财产。(《民法典》第 35 条第 1 款)

［**评注**］立法机关对权利作出限制性规定的，使用"不得"。比如，《刑法》第 39 条第 2 项使用"不得"，限制被判处管制的犯罪分子行使言论、出版、集会、结社、游行、示威自由等权利；《民法典》第 35 条第 1 款使用"不得"，限制监护人的权利。

需要注意的是，对于权力或者权利的禁止，不能使用"不得"。

［**示例**］驾驶人员在公共交通工具行驶过程中，不得违规操作或者擅离职守，与他人对骂、互殴。(《江苏省公共交通治安管理条例》第 25 条第 2 款)

［**评注**］基于维护公共安全的需要，违规操作或者擅离职守，与他人对骂、互殴等行为，是公共交通工具驾驶人员不能僭越的禁区。因此，上述示例，不能使用"不得"，宜使用"禁止"或者"不允许"。

4.4 使用统一的规范模态词

表达授权性规范、义务性规范和禁止性规范，应当使用统一的规范模态词。规范模态词是"法定的词"，肯定性规范模态词包括"必须""应当""可以"等，否定性规范模态词包括"禁止""不得""不应当""可以不"等。

[示例 1] 交通运输部门要优先运送应召的预备役人员和返回部队的现役军人。(2009 年《兵役法》第 48 条第 4 项)

[示例 2] 交通运输部门应当优先运送应召的预备役人员、国防生和返回部队的现役军人。(2011 年《兵役法》第 50 条第 4 项)

[评注] 法条表述应当使用统一的规范模态词。根据立法用语习惯,不使用"要"表示规范模态词。2011 年《兵役法》将原条文的"要"改为"应当",是规范的。

4.4.1 规范模态词统一使用双音节词

规范模态词应当统一使用双音节词,不使用单音节词。立法起草一般使用双音节词,规范模态词也是如此。统一使用"应当""必须""可以"等双音节词,不使用"应""须""可"等单音节词。

[示例 1] 公司发行新股,可根据公司连续盈利情况和财产增值情况,确定其作价方案。(2004 年《公司法》第 141 条)

[示例 2] 公司发行新股,可以根据公司经营情况和财务状况,确定其作价方案。(2005 年《公司法》第 136 条)

[评注] 本例中,不使用单音节词"可",宜使用双音节词"可以"。2005 年《公司法》将原条文的"可"修改为"可以",是规范的。

4.5 但书条款

但书条款，是法律条文中的一种特定句式，是对前文所作规定的转折、例外、限制、补充或者附加条件的条款。

4.5.1 但书条款的使用规则

但书条款的使用，应当坚持必要性原则。对一般规定作出特别规定，从而使特别规定区分于一般规定的，应当使用但书条款。依据立法理论和实践，但书条款的功能表现在：（1）但书条款协助法律条文一般规定的适用。（2）但书条款的限制功能。有的但书条款限制法律的空间效力，有的但书条款限制法律的适用对象，有的但书条款限制处罚的轻重程度。（3）保证法律规范的全面性。（4）附加一定规范使主条文周全，明确法律处理方式。（5）但书条款具有强调功能，能够突出特别规定。

1 使用但书条款，限制权力或者权利。

［**示例1**］为了查明案情，在必要的时候，经公安机关负责人决定，可以由有关人员隐匿其身份实施侦查。但是，不得诱使他人犯罪，不得采用可能危害公共安全或者发生重大人身危险的方法。（《刑事诉讼法》第153条第1款）

［**示例2**］对于任何国家机关和国家工作人员的违法失职行为，有向有关国家机关提出申诉、控告或者检举的权利，但

是不得捏造或者歪曲事实进行诬告陷害。（《宪法》第 41 条第 1 款）

［评注］上述示例，第 1 例的但书条款，限制侦查权的行使方法；第 2 例的但书条款，限制公民申诉、控告或者检举等权利的行使。

2 使用但书条款，使法律条文表述更加全面、周密。

［示例 1］国库券可以用于抵押，但是不得作为货币流通。（《国库券条例》第 8 条）

［示例 2］拘役的缓刑考验期限为原判刑期以上一年以下，但是不能少于二个月。（《刑法》第 73 条第 1 款）

［示例 3］处理民事纠纷，应当依照法律；法律没有规定的，可以适用习惯，但是不得违背公序良俗。（《民法典》第 10 条）

［示例 4］按照本规定第八条、第九条规定发放的生活费在企业工资基金中列支，生活费标准由企业自主确定，但是不得低于省、自治区、直辖市人民政府规定的最低标准。（《国有企业富余职工安置规定》第 11 条）

3 使用但书条款，作出附加规定以补充主文。

［示例 1］精神病人在不能辨认或者不能控制自己行为的时候造成危害结果，经法定程序鉴定确认的，不负刑事责任，但是应当责令他的家属或者监护人严加看管和医疗；在必要的

时候，由政府强制医疗。(《刑法》第 18 条第 1 款）

[**示例 2**] 实施行政许可和对行政许可事项进行监督检查，不得收取任何费用。但是，法律、行政法规另有规定的，依照其规定。(《青海省行政许可监督管理条例》第 19 条）

[**示例 3**] 正当防卫明显超过必要限度造成重大损害的，应当负刑事责任，但是应当减轻或者免除处罚。(《刑法》第 20 条第 2 款）

4 但书条款能使法律条文层次分明。

但书条款能使特别规定明确、清晰，使法律的一般规定与特别规定层次分明。通常，但书条款的目的是将特殊情况排除在一般规定的适用范围之外，而不对该特殊情况作出进一步规定。[①]

[**示例 1**] 本法总则适用于其他有刑罚规定的法律，但是其他法律有特别规定的除外。(《刑法》第 101 条）

[**示例 2**] 期间的计算方法依照本法的规定，但是法律另有规定或者当事人另有约定的除外。(《民法典》第 204 条）

[**示例 3**] 城乡规划组织编制机关应当及时公布经依法批准的城乡规划。但是，法律、行政法规规定不得公开的内容除

---

① G. C. Thornton, *Legislative Drafting* (3rd Edition), London: Butterworths, 1987, p.70.

外。(《城乡规划法》第8条)

[示例4] 预备役人员因被征召，诉讼、行政复议、仲裁活动不能正常进行的，适用有关时效中止和程序中止的规定，但是法律另有规定的除外。(《预备役人员法》第37条第3款)

4.5.2 正确区分但书条款与相关句式

1 但书条款表述使用"但是……""但是……除外"，不使用"如果……"等句式；当且仅当，但书条款是让步状语句式，使用"虽然……，但是……"。

[示例1] 行为在客观上虽然造成了损害结果，但是不是出于故意或者过失，而是由于不能抗拒或者不能预见的原因所引起的，不是犯罪。(《刑法》第16条)

[示例2] 凡在中华人民共和国领域外犯罪，依照本法应当负刑事责任的，虽然经过外国审判，仍然可以依照本法追究，但是在外国已经受过刑罚处罚的，可以免除或者减轻处罚。(《刑法》第10条)

[评注] 如果但书条款是让步状语句式，使用"虽然……，但是……"。上述示例是让步状语句式，因此，相应但书条款均使用"虽然……，但是……"。

2 但书条款的表述，一般统一使用"但是"，不使用"但"。

但书的表述模式应当具有统一性，使用双音节词"但是"，不能有的使用"但是"，有的使用"但"。但书的标志性用语为"但是"。

［**示例1**］拘役的缓刑考验期限为原判刑期以上一年以下，但是不能少于二个月。(《刑法》第73条第1款)

［**示例2**］基层人民法院管辖第一审民事案件，但本法另有规定的除外。(《民事诉讼法》第18条)

［**示例3**］公众可以查阅发生法律效力的判决书、裁定书，但涉及国家秘密、商业秘密和个人隐私的内容除外。(《民事诉讼法》第159条)

［**示例4**］经济发达且人均耕地特别少的地区，适用税额可以适当提高，但是提高的部分最高不得超过本法第四条第三款规定的当地适用税额的50%。(《耕地占用税法(草案)》第5条)

［**示例5**］在人均耕地低于零点五亩的地区，省、自治区、直辖市可以根据当地经济发展情况，适当提高耕地占用税的适用税额，但提高的部分不得超过本法第四条第二款确定的适用税额的百分之五十。(《耕地占用税法》第5条)

［**评注**］《民事诉讼法》第18条、第159条使用的是"但"，宜统一使用"但是"。《耕地占用税法(草案)》使用"但是"，是规范的。根据但书表述规范，应当使用双音节词"但是"，不使用单音节词"但"。《耕地占用税法》不宜将该条

的"但是"改为"但"。

值得注意的是，有的但书条款虽然未使用"但是"，却可以根据法律条文之间的逻辑关系，判断其是否为但书条款。

［示例］城乡集市贸易市场可以出售中药材，国务院另有规定的除外。(《药品管理法》第 60 条)

［评注］《药品管理法》第 60 条没有使用"但是"，根据前后分句的逻辑关系，可以推导出前后分句是一般规定与特殊规定的关系。

结合立法起草习惯，但书条款的表述，一般应当使用"但是"，不宜省略。同时，"但是"这一用语，使得但书条款结构更清晰、转折性表述更明确。①

［示例 1 ］股东大会作出决议，必须经出席会议的股东所持表决权的半数以上通过。股东大会对公司合并、分立或者解散公司作出决议，必须经出席会议的股东所持表决权的三分之二以上通过。(2004 年《公司法》第 106 条第 2 款)

［示例 2 ］股东大会作出决议，必须经出席会议的股东所持表决权过半数通过。但是，股东大会作出修改公司章程、增加或者减少注册资本的决议，以及公司合并、分立、解散或者

---

① 参见张越：《立法技术原理》，中国法制出版社 2020 年版，第 249—250 页。

变更公司形式的决议，必须经出席会议的股东所持表决权的三分之二以上通过。（2005 年《公司法》第 104 条第 2 款）

［**评注**］2004 年《公司法》第 106 条第 2 款，由于未使用"但是"，只能依据语义判断本条是但书条款。2005 年《公司法》对该条款增加"但是"，更能清晰地表达但书条款，明确表述转折关系，更好实现立法意图。

3 使用"但是"的表述，也可能是非但书条款。

［**示例 1**］行为在客观上虽然造成了损害结果，但是不是出于故意或者过失，而是由于不能抗拒或者不能预见的原因所引起的，不是犯罪。（《刑法》第 16 条）

［**示例 2**］非法人组织是不具有法人资格，但是能够依法以自己的名义从事民事活动的组织。（《民法典》第 102 条第 1 款）

［**评注**］第 1 例中，《刑法》第 16 条中的"但是"，表述一种假定条件；第 2 例中的"但是"仅表示转折关系，而非但书条款。

4 在使用但书条款与设置款、项之间，作出正确选择。如果法律条文有三个以上层次，应当分款或者分项；如果只有两个层次，通常使用但书条款形式。但是，如果意图突出特别规定，可以分为两款。

［**示例**］因紧急避险造成损害的，由引起险情发生的人承

担民事责任。(《民法典》第 182 条第 1 款)

危险由自然原因引起的，紧急避险人不承担民事责任，可以给予适当补偿。(《民法典》第 182 条第 2 款)

紧急避险采取措施不当或者超过必要的限度，造成不应有的损害的，紧急避险人应当承担适当的民事责任。(《民法典》第 182 条第 3 款)

[评注]上述示例，同一法条含有多个层次，所以使用分款的表达方法。两个层次使用但书条款形式，可以使整个规定更紧凑、集中，使特别规定醒目清楚。

4.5.3 但书条款应当规范使用标点符号

法律的含义主要取决于语词的选择和安排，立法起草人应当了解、熟悉标点符号的使用规则。[①]学者 Jonathan Swift 说："如果一个人的思想清晰，最恰当的词语通常会首先出现，他自己的判断会指导他以何种顺序排列这些语词，以便最好地理解它们。"[②]

1 "但是"之前一般使用分号，不使用逗号和句号；如果"但是"前后在语义上是不可分割的，或者但书条款是让步状

---

① See Ian McLeod, *Principles of Legislative and Regulatory Drafting*, Oxford And Portland: Oregon, 2009, p.87.

② Ian McLeod, *Principles of Legislative and Regulatory Drafting*, Oxford And Portland: Oregon, 2009, p.87.

语句式的，"但是"之前使用逗号。

"但是"之前如果使用逗号，不能清晰、明确、直观地反映法律主文与但书条款的相对独立性；"但是"之前如果使用句号，不能表明法律主文与但书条款之间的紧密关系。如果法律主文包括多个单句或者多项内容，而但书条款是主文整体的但书条款，容易让人误解为但书条款仅是主文末句的但书条款。因此，"但是"之前宜统一使用分号。

［**示例1**］八周岁以上的未成年人为限制民事行为能力人，实施民事法律行为由其法定代理人代理或者经其法定代理人同意、追认；但是，可以独立实施纯获利益的民事法律行为或者与其年龄、智力相适应的民事法律行为。（《民法典》第19条）

［**示例2**］省、自治区、直辖市的代表名额基数为三百五十名，省、自治区每十五万人可以增加一名代表，直辖市每二万五千人可以增加一名代表；但是，代表总名额不得超过一千名。（《选举法》第12条第1款第1项）

［**示例3**］经营者依照有关知识产权的法律、行政法规规定行使知识产权的行为，不适用本法；但是，经营者滥用知识产权，排除、限制竞争的行为，适用本法。（《反垄断法》第68条）

［**示例4**］清算期间法人存续，但是不得从事与清算无关的活动。（《民法典》第72条第1款）

［**示例 5**］犯罪分子虽然不具有本法规定的减轻处罚情节，但是根据案件的特殊情况，经最高人民法院核准，也可以在法定刑以下判处刑罚。(《刑法》第 63 条第 2 款）

［**示例 6**］善意受让人取得动产后，该动产上的原有权利消灭。但是，善意受让人在受让时知道或者应当知道该权利的除外。(《民法典》第 313 条）

［**评注**］前 3 例，"但是"之前使用分号，是规范的；第 4 例中，"但是"前后在语义上是不可分割的，因此，"但是"之前使用逗号；第 5 例属于让步状语从句，"但是"之前不能使用分号，否则，就会隔开关联词"虽然，但是"。第 6 例，"但是"之前宜用分号。

2 如果"但是"之后是成分完整的语句，"但是"之后使用逗号；否则，"但是"之后不使用标点符号。

［**示例 1**］省、自治区、直辖市的代表名额基数为三百五十名，省、自治区每十五万人可以增加一名代表，直辖市每二万五千人可以增加一名代表；但是，代表总名额不得超过一千名。(《选举法》第 12 条第 1 款第 1 项）

［**示例 2**］本法总则适用于其他有刑罚规定的法律，但是其他法律有特别规定的除外。(《刑法》第 101 条）

［**示例 3**］在全国人民代表大会闭会期间，对全国人民代表大会制定的法律进行部分补充和修改，但是不得同该法律的

基本原则相抵触。(《宪法》第 67 条第 3 项)

3 如果"但是"之后的语句虽然成分不完整,但是语句较长,"但是"之后使用标点符号。

[**示例 1**]女方在怀孕期间、分娩后一年内或者终止妊娠后六个月内,男方不得提出离婚;但是,女方提出离婚或者人民法院认为确有必要受理男方离婚请求的除外。(《妇女权益保障法》第 64 条)

[**示例 2**]通用航空企业从事经营性通用航空活动,应当与用户订立书面合同,但是紧急情况下的救护或者救灾飞行除外。(《民用航空法》第 148 条)

[**评注**]第 1 例,"但是"之后是较长语句,"但是"之后使用逗号;第 2 例,"但是"之后内容较短,因此,"但是"之后不使用逗号。

4.6 兜底条款设计

兜底性条款是模糊用语的典型代表。兜底性条款尽管能够严密法网,看似能使法律条文滴水不漏。但是,兜底性条款因其内在模糊性而几乎无所不纳,容易背离明确性原则。因此,立法机关表述法律条文时应当慎用兜底条款。

4.6.1 为了避免立法漏洞,如果确有必要,应当设置兜底条款。

分项列举的事项，一般都可以设置兜底条款。如果根据立法意图，确实仅在限定范围内列明立法内容，不设置兜底条款。不设置兜底条款的风险，是可能造成立法漏洞。[①]

[示例1] 董事会对股东会负责，行使下列职权：

（一）负责召集股东会，并向股东会报告工作；

（二）执行股东会的决议；

…………

（十）制定公司的基本管理制度。（2004年《公司法》第46条）

[示例2] 股东会行使下列职权：

（一）决定公司的经营方针和投资计划；

（二）选举和更换非由职工代表担任的董事、监事，决定有关董事、监事的报酬事项；

…………

（十）修改公司章程；

（十一）公司章程规定的其他职权。（2005年《公司法》第38条）

[评注] 2004年《公司法》第46条，列举董事会职权包

[①] 参见张越：《立法技术原理》，中国法制出版社2020年版，第250页。

含十项内容，未设置兜底条款。2005 年修订《公司法》，对该条增设兜底条款。[①]

4.6.2 对于公民自由、财产、生命等相关事项，应当慎重设置兜底条款。

由于兜底条款具有一定模糊性，对于公民自由、财产、生命等相关事项，设置兜底条款应当慎重，不得违反立法的明确性原则。

［**示例 1**］将第一百四十二条第一款修改为："公司有下列情形之一的，可以收购本公司股份：

"（一）减少公司注册资本；

…………

"（六）上市公司为维护公司信用及股东权益所必需的；

"（七）法律、行政法规规定的其他情形。"（2018 年《公司法》修正草案）

［**示例 2**］公司不得收购本公司股份。但是，有下列情形之一的除外：

（一）减少公司注册资本；

…………

---

① 参见张越：《立法技术原理》，中国法制出版社 2020 年版，第 250 页。

（六）上市公司为维护公司价值及股东权益所必需。（2018年《公司法》第 142 条第 1 款）

［**评注**］2018 年《公司法》修正草案，曾使用兜底性条款"法律、行政法规规定的其他情形"。但是，宪法和法律委员会经研究，建议删除该兜底条款。原因在于，股份回购特别是上市公司的股份回购，对债权人和投资者利益都有重大影响，应当慎重、稳妥对待，法律对股份回购的情形、方式等规定，应当清晰、明确，不宜规定兜底条款。[①]

4.6.3 兜底条款的表述，一般采用分项方式，并使用"其他"。

［**示例 1**］个人申请养犬登记应当符合下列条件：

（一）具有本市户籍或者持有本市居住证明；

（二）具有完全民事行为能力；

（三）具有固定住所并独户居住；

（四）法律、法规规定的其他条件。（《苏州市养犬管理条例》第 14 条第 1 款）

［**示例 2**］债权人委员会行使下列职权：

（一）监督债务人财产的管理和处分；

---

① 参见张越：《立法技术原理》，中国法制出版社 2020 年版，第 251 页。

（二）监督债务人可供分配财产的分配；

（三）提议召开债权人会议；

（四）债权人会议委托的其他职权。（《深圳经济特区个人破产条例》第75条第1款）

［**评注**］上述示例，兜底条款的表述，一般采用分项方式，并分别在"条件""职权"等之前使用"其他"。

第五章

定义条款的表述规则

5.1 定义条款的目的

定义条款，是对立法常用语词的含义进行明确界定。[①] 科学的定义条款，能够消除立法用语的模糊性、歧义性，使含混不清的立法用语具有明确性。

谨慎地定义术语是实现思想清晰的有效工具。定义（definition）是对语词意义的解释[②]，是揭示概念内涵的逻辑方法。给语词下定义，就是解释该语词应当如何使用。[③] 定义在法律科学中扮演着重要角色[④]，在立法起草中发挥着重要作用。因为，定义可以用来澄清含混不清的概念、术语，消除歧义和模糊[⑤]，使含混用语具有明确性。同时，定义对于法律理解、适用至关重要。如果法律概念、术语的意义不清晰、不确定，就不太可能准确地理解、适用法律。由此可见，实现法律文本清晰性的有效工具，是谨慎地定义术语。[⑥]

[①] [希腊] [英] 海伦·赞塔基：《立法起草：规制规则的艺术与技术》，姜孝贤译，法律出版社 2022 年版，第 210 页。
[②] [美] 罗纳德·芒森、安德鲁·布莱克：《推理的要素》(第七版)，孔红译，中国轻工业出版社 2018 年版，第 219 页。
[③] [美] 罗纳德·芒森、安德鲁·布莱克：《推理的要素》(第七版)，孔红译，中国轻工业出版社 2018 年版，第 219 页。
[④] [德] 乌尔里希·克卢格：《法律逻辑》，雷磊译，法律出版社 2016 年版，第 121 页。
[⑤] [美] 斯蒂芬·雷曼：《逻辑的力量》(第三版)，杨武金译，中国人民大学出版社 2010 年版，第 73 页。
[⑥] [美] 布鲁克·诺埃尔·摩尔、理查德·帕克：《批判性思维》(原书第十二版)，朱素梅译，机械工业出版社 2021 年版，第 57 页。

设置定义条款的目的，是揭示立法用语的内涵而确定其外延，使立法用语具有明确性[1]，提高法律的清晰性[2]。其中，立法用语的内涵，是指立法用语的特有属性；立法用语的外延，是指其反映特有属性的对象。为了提高法律概念、术语的明确性，立法起草人应当自觉运用下定义这种逻辑方法。好的定义有益于消除言辞之争，在逻辑中有着重要用途。[3]

科学设置定义条款，能够准确表达立法目的，统一术语含义，避免不必要的重复，消除立法用语的歧义性，力求避免法律漏洞，促进法律文本结构规范化。

5.1.1 专业术语应当设置定义条款

对于法律的专业术语，应当设置定义条款。

［示例］甲类传染病是指：鼠疫、霍乱。（《传染病防治法》第 3 条第 2 款）

［评注］"甲类传染病"是医学专业术语，需要通过定义条款予以明确。

---

[1] G. C. Thornton, *Legislative Drafting* (3rd Edition), London: Butterworths, 1987, p.59.
[2] 参见［美］杰克·戴维斯：《立法法律与程序》，姜廷惠译，商务印书馆 2022 年版，第 163 页。
[3] ［美］欧文·M. 柯匹、卡尔·科恩：《逻辑学导论》（第十三版），张建军、潘天群、顿新国等译，中国人民大学出版社 2014 年版，第 103 页。

5.1.2 内涵模糊的立法用语设置定义条款

对于内涵模糊的立法用语，应当设置定义条款。为了增进法律概念的明确性，定义式术语不仅适用于有重要意义的核心模糊词和有附加意义的模糊边缘词，而且也适用于不同意义的模糊性语词。定义式术语能把具有普遍意义的语词与和立法主题相关的外延更小的语词联系起来，而又不偏离术语的通常含义。①

［**示例1**］本法所称未成年人是指未满十八周岁的公民。（《未成年人保护法》第2条）

［**示例2**］本法所称老年人是指六十周岁以上的公民。（《老年人权益保障法》第2条）

［**评注**］上述示例，"未成年人""老年人"这类用语，其内涵模糊、边界不清。因此，立法起草人分别使用精确的立法用语"未满十八周岁""六十周岁以上"来定义"未成年人""老年人"，能够有效消除模糊性，使立法用语具有明确性、易懂性和可操作性。

［**示例**］本法所称重伤，是指有下列情形之一的伤害：

（一）使人肢体残废或者毁人容貌的；

---

① See G. C. Thornton, *Legislative Drafting* (3rd Edition), London: Butterworths, 1987, pp.56-57.

（二）使人丧失听觉、视觉或者其他器官机能的；

（三）其他对于人身健康有重大伤害的。(《刑法》第95条）

［评注］"重伤"的内涵，明显具有模糊性，会影响《刑法》的准确理解、适用；因此，立法起草人确有必要对该用语设置定义条款，以便公安、司法机关准确理解、适用相关法律规范。

5.1.3 避免过度使用定义

定义条款的设置，应当坚持必要性原则，避免过度使用定义。值得注意的是，立法专家指出，定义经常被过度使用。[1]过度定义会带来规制过度或者规制不足的风险。[2]如果一个语词、短语的意义清晰，或者根据语境能够很容易地确定其含义，就没有必要对其下定义。结合立法例，有的法律由于内容易懂、用语通俗，不需设置定义条款。比如，《天津市养犬管理条例》就没有设置定义条款。同时，一个语词、短语，也不必仅因为它是技术性的或者不寻常的而对其下定义。[3]立法起

---

① 参见［美］杰克·戴维斯：《立法法律与程序》，姜廷惠译，商务印书馆2022年版，第162页。

② ［希腊］［英］海伦·赞塔基：《立法起草：规制规则的艺术与技术》，姜孝贤译，法律出版社2022年版，第133页。

③ Peter Butt & Richard Castle, *Modern Legal Drafting: A Guide to Using Clearer Language*, Cambridge University Press, 2006, p.119.

草人应当避免任何不必要的定义①，避免过度使用定义。定义的最高原则，是定义越少越好。这一原则，特别适用于，但不限于扩大或者缩小语词常规用法的定义条款。②

5.2 定义条款类型

设置定义条款，一般使用规定性定义、描述性定义、混合性定义和准用性定义。③

5.2.1 规定性定义条款

规定性定义（stipulative definition），是指解释被定义语词应当遵守的用法规则，它赋予被定义语词特定意义。④规定性定义是为了减少语词的模糊性、抽象性，精确厘清语词意义，或者规定特定语境下的语词意义。在立法起草中，对法律用语的含义进行扩大、缩小或者赋予全新含义的定义条款，是规定性定义条款。如果法律用语的含义不同于通常含义，应当使用定义条款明确其内涵和外延。

---

① 参见［美］杰克·戴维斯：《立法法律与程序》，姜廷惠译，商务印书馆 2022 年版，第 165 页。

② See G. C. Thornton, *Legislative Drafting* (3rd Edition), London: Butterworths, 1987, p.58.

③ 参见汪全胜、张鹏：《法律文本中"定义条款"的设置论析》，载《东方法学》2013 年第 2 期，第 16 页。

④ ［美］罗纳德·芒森、安德鲁·布莱克：《推理的要素》（第七版），孔红译，中国轻工业出版社 2018 年版，第 222 页。

［**示例**］本条例所称的健康，包括人的生理健康、心理健康和良好的社会适应能力。(《深圳经济特区健康条例》第2条）

［**评注**］上述示例，"健康"的通常含义是指生理健康和心理健康。但是，本定义条款对立法用语"健康"的含义进行扩大，还包括"良好的社会适应能力"。再如，在国际销售合同中，"dollars"一词太笼统，它可能指美元、澳元等；因此，需要设置规定性定义，使其含义更精确。比如，在本合同中，"dollars"特指加元。① 这一定义条款，缩小了"dollars"的外延。

5.2.2 描述性定义条款

描述性定义，又称列举定义、实指定义，是指通过列出语词所指事物的若干例子，以对语词作出定义。亦即，通过指明语词表示的对象，或者列举语词所指对象的典型示例进行下定义。② 例如，"营养不良性疾病"，是指坏血病、糙皮病、脚气病等这类疾病；又如，"偶数"是2、4、6、8等这类数。③

----

① ［美］布鲁克·诺埃尔·摩尔、理查德·帕克：《批判性思维》(原书第十二版)，朱素梅译，机械工业出版社2021年版，第58页。
② ［美］布鲁克·诺埃尔·摩尔、理查德·帕克：《批判性思维》(原书第十二版)，朱素梅译，机械工业出版社2021年版，第59页。
③ 参见［美］罗纳德·芒森、安德鲁·布莱克：《推理的要素》(第七版)，孔红译，中国轻工业出版社2018年版，第226页。

［**示例 1**］本法所称公共财产，是指下列财产：

（一）国有财产；

（二）劳动群众集体所有的财产；

（三）用于扶贫和其他公益事业的社会捐助或者专项基金的财产。（《刑法》第 91 条第 1 款）

［**示例 2**］本法规定的垄断行为包括：

（一）经营者达成垄断协议；

（二）经营者滥用市场支配地位；

（三）具有或者可能具有排除、限制竞争效果的经营者集中。（《反垄断法》第 3 条）

［**评注**］描述性定义条款，又称列举定义条款，是对事项或者内容的列举性规定，解释语词的对象范围，尽可能全面列举概念的外延。[①] 亦即，通过明确立法用语所指称的对象来下定义[②]，使用"是指""包括"等语词，并分项列举立法用语的外延。第 1 例、第 2 例均通过分项列举方法，分别明确"公共财产""垄断行为"的含义。

[①]　参见汪全胜、张鹏：《法律文本中"定义条款"的设置论析》，载《东方法学》2013 年第 2 期，第 16 页。

[②]　［美］布鲁克·诺埃尔·摩尔、理查德·帕克：《批判性思维》（原书第十二版），朱素梅译，机械工业出版社 2021 年版，第 59 页。

5.2.3 混合性定义条款

混合性定义条款，是指既揭示法律概念、术语的内涵，又明确其外延的定义条款。结合立法例，有的法律将概念、术语的内涵和外延分别设置条款，有的法律则把概念、术语的内涵和外延设置一个条款。①

1 揭示法律概念、术语的内涵，并明确其外延，内涵和外延的表述分别设置条款。

［示例1］非法人组织是不具有法人资格，但是能够依法以自己的名义从事民事活动的组织。

非法人组织包括个人独资企业、合伙企业、不具有法人资格的专业服务机构等。（《民法典》第102条）

［示例2］以取得利润并分配给股东等出资人为目的成立的法人，为营利法人。

营利法人包括有限责任公司、股份有限公司和其他企业法人等。（《民法典》第76条）

［示例3］可以用于证明案件事实的材料，都是证据。

证据包括：（一）物证；（二）书证；（三）证人证言；（四）被害人陈述；（五）犯罪嫌疑人、被告人供述和辩解；

---

① 参见汪全胜、张鹏：《法律文本中"定义条款"的设置论析》，载《东方法学》2013年第2期，第15页。

（六）鉴定意见；（七）勘验、检查、辨认、侦查实验等笔录；（八）视听资料、电子数据。（《刑事诉讼法》第50条第1款、第2款）

［**评注**］上述示例，定义条款的表述，均采用揭示内涵、明确外延的方法。现以第3例为具体分析对象。首先，揭示概念、术语的内涵，即"证据"的内涵是"可以用于证明案件事实的材料"；其次，明确概念、术语的外延，即"证据"包括物证、书证、证人证言等。以上示例均设置两款，分别表述法律概念、术语的内涵和外延。

2 揭示法律概念、术语的内涵，并明确其外延，内涵与外延的表述设置一个条款。

［**示例1**］本法所称职业教育，是指为了培养高素质技术技能人才，使受教育者具备从事某种职业或者实现职业发展所需要的职业道德、科学文化与专业知识、技术技能等职业综合素质和行动能力而实施的教育，包括职业学校教育和职业培训。（《职业教育法》第2条第1款）

［**示例2**］本法所称的毒品，是指鸦片、海洛因、甲基苯丙胺（冰毒）、吗啡、大麻、可卡因以及国家规定管制的其他能够使人形成瘾癖的麻醉药品和精神药品。（《刑法》第357条第1款）

［**评注**］上述示例，定义条款的表述，同样采用揭示内涵、

明确外延的方法。第1例，首先揭示"职业教育"的内涵，继而明确其外延，即职业学校教育和职业培训。第2例，一方面揭示"毒品"的内涵是"能够使人形成瘾癖的麻醉药品和精神药品"，另一方面明确其外延包括鸦片、海洛因等。该两例中，定义条款的内涵和外延，设置在同一条。

3 运用划分方法，明确法律概念、术语的外延，再对划分出的子概念下定义。

如果需要划分法律概念、术语的外延，而划分出的外延（子概念）的内涵并不明确，那么应当对划分出的子概念下定义。其表达方法可以描述为：A包括B、C和D。B是指……。C是指……。D是指……。

［**示例**］古镇保护范围包括核心保护区、建设控制地带和环境协调区。

核心保护区是指东至状元桥、黄氏庄园附近，南至三界庙附近，西至左江沿岸，北至永安街陈屋巷，面积约7.95公顷。

建设控制地带是指核心保护区以外，东至魁星楼，南至振兴街82号历史建筑附近，西至左江东岸，北至雷莲岭，面积约54.29公顷。

环境协调区是指建设控制地带以外，东至左江左岸，南至扬美村域边界，西至壶天岛，北至左江左岸，面积约1019.54公顷。（《南宁市扬美古镇保护管理条例》第3条）

［**评注**］上述示例，先把法律概念"古镇保护范围"划分为"核心保护区""建设控制地带""环境协调区"三个子概念，而后又对三个子概念下定义。

5.2.4 准用性定义条款

准用性定义条款，是指法律不直接对概念、术语下定义，而是规定援引其他法律中的定义条款。

［**示例1**］本条所称劣药，是指依照《中华人民共和国药品管理法》的规定属于劣药的药品。[①]（《刑法》原第142条第2款）

［**示例2**］本条例所称城镇地区，是指《北京城市总体规划》确定的中心城、新城、建制镇。（《北京市市容环境卫生条例》第2条第2款）

［**示例3**］本条例所称的城市化地区，是指《上海市城乡规划条例》确定的中心城、新城和新市镇。（《上海市养犬管理条例》第57条第2款）

［**示例4**］本条例所称电梯包括载人（货）电梯、自动扶梯、自动人行道等，具体范围按照国务院批准的特种设备目录确定。（《福建省电梯安全管理条例》第2条第2款）

---

① 《刑法修正案（十一）》已删除该条款。

［**评注**］上述示例，"劣药""城镇地区""城市化地区""电梯"等法律概念的内涵和外延，法律并不直接作出界定，而是指明援引其他法律中的定义条款，属于准用性定义条款。

5.3 定义条款位置

定义条款应当设置在法律文本的合理位置。[①]一般地，定义条款设置在法律总则、首部或者各章节。设置在法律总则的定义条款，是适用于整部法律的主要术语；设置在各章节的定义条款，是适用于各章节的具体术语。全国人大常委会法制工作委员会制定的《立法技术规范（试行）（一）》第2条第1款规定："贯穿法律始终的基本概念，在总则中或者法律第一条立法目的之后规定。"

5.3.1 适用于整部法律的定义条款

适用于整部法律的定义条款，应当专门设置在法律总则或者首部。立法学家指出，只有了解法律术语的定义之后，才能准确理解法律内容。[②]为了准确理解整部法律，适用于整部法律的定义条款，应当设置在法律总则或者首部。

---

① ［希腊］［英］海伦·赞塔基：《立法起草：规制规则的艺术与技术》，姜孝贤译，法律出版社2022年版，第210页。
② 参见［美］杰克·戴维斯：《立法法律与程序》，姜廷惠译，商务印书馆2022年版，第163页。

［**示例1**］本法所称首要分子，是指在犯罪集团或者聚众犯罪中起组织、策划、指挥作用的犯罪分子。（《刑法》第97条）

［**示例2**］本法所称电信网络诈骗，是指以非法占有为目的，利用电信网络技术手段，通过远程、非接触等方式，诈骗公私财物的行为。（《反电信网络诈骗法》第2条）

［**示例3**］本条例所称轨道交通，是指地铁、轻轨、市域快速轨道等自成封闭体系的城市轨道公共客运系统。（《天津市轨道交通运营安全条例》第2条第2款）

［**评注**］将定义条款设置在法律总则或者首部，是很多国家的立法惯例。例如，美国、英国、奥地利、比利时、丹麦、荷兰、葡萄牙、阿根廷等。[①]我国《刑法》总则第91条至第99条，均为定义条款，但却设置于第五章"其他规定"。结合国外刑法立法经验和技术，宜在《刑法》第一章专门设置一节，规定定义条款。比如，《德国刑法典》在第一章第二节专门设置定义条款。[②]

5.3.2 适用于章、节、条的定义条款

适用于章、节、条的立法用语，应当在章、节、条开头或

[①]　参见汪全胜、张鹏：《法律文本中"定义条款"的设置论析》，载《东方法学》2013年第2期，第20页。

[②]　参见《德国刑法典》，徐久生、庄敬华译，中国方正出版社2004年版，第7—8页。

者结尾下定义。

[**示例 1**] 本条例所称行政执法监督机关是指有权开展行政执法监督工作的县级以上地方人民政府和本系统上级行政执法机关。(《福建省行政执法条例》第 61 条第 1 款)

[**示例 2**] 本节所称未成年人刑事案件,是指犯罪嫌疑人实施涉嫌犯罪行为时已满十四周岁、未满十八周岁的刑事案件。(《人民检察院刑事诉讼规则》第 489 条第 1 款)

[**示例 3**] 本节所称缔约承运人,是指以本人名义与旅客或者托运人,或者与旅客或者托运人的代理人,订立本章调整的航空运输合同的人。(《民用航空法》第 137 条第 1 款)

[**评注**] 如果只是适用于某章、某节或者某条的定义,应当专门设置于法律某章、某节或者某条的定义条款。[①] 第 1 例中,"行政执法监督机关"这一术语,仅适用于《福建省行政执法条例》第八章"行政执法监督",因此,在第八章首部设置定义条款是科学合理的。后 2 例,均为适用于某节的定义条款。

需要注意的是,有的法律概念、术语虽然主要地在某章、某节使用,但是,在其他章节也零散地使用。对于这类概念、

---

① 参见 [希腊][英] 海伦·赞塔基:《立法起草:规制规则的艺术与技术》,姜孝贤译,法律出版社 2022 年版,第 210 页。

术语的定义，应当设置于总则或者首部。

［**示例**］本章所称战时，是指国家宣布进入战争状态、部队受领作战任务或者遭敌突然袭击时。(《刑法》第 451 条第 1 款）

［**评注**］"本章所称战时"，并非刑法分则第十章所独有，使用"本章所称"不妥当，宜改为"本法所称"，将其作为一个独立条文，设置在总则第五章"本法的用语"。①

《德国刑法典》第 93 条，在本章之首规定适用于本章的定义条款。②《美国刑法典》第二编"具体犯罪的界定"，对各节犯罪首先进行定义，定义条款设置于该节首部③，与我国《民法典》分编的各章首部设置定义相似。

［**示例 1**］供用电合同是供电人向用电人供电，用电人支付电费的合同。(《民法典》第 648 条第 1 款）

［**示例 2**］赠与合同是赠与人将自己的财产无偿给予受赠人，受赠人表示接受赠与的合同。(《民法典》第 657 条）

［**评注**］成文法应当按章、节、分节和段落进行编排，定

---

① 参见汪全胜、张鹏：《法律文本中"定义条款"的设置论析》，载《东方法学》2013 年第 2 期，第 18 页。
② 参见《德国刑法典》，徐久生、庄敬华译，中国方正出版社 2004 年版，第 59 页。
③ 美国法学会编：《美国模范刑法典及其评注》，刘仁文等译，法律出版社 2005 年版，第 126—140 页。

义应当自成一体。① 定义条款应当按照其在法律文本中出现的先后次序②，编排于便捷查找的位置。

5.3.3 使用一次的术语如何定义

一部法律里，如果被定义的术语仅使用一次，那么应当在使用该术语的条文中设置定义条款。③ 在表述方法上，可以采用"第 × 条（款）所称 ××，是指……"。

5.3.4 定义条款不设置于附则

为了便于准确理解法律，定义条款应当设置于法律文本首部或者术语所在的最近位置。相反，如果把定义条款设置于附则，既不符合表述顺序，也不符合阅读、思考习惯，可能会使读者读完法律才明白相关概念、术语含义。

5.4 定义条款表述方式

5.4.1 定义条款一般表述为："本法（本章、本节、本条）所称 ××，是指（包括）……"。

1 本法（条例、规定、章、节等）所称 ××，是指……。

---

①   G. C. Thornton, *Legislative Drafting* (3rd Edition), London: Butterworths, 1987, p.59.
②   汪全胜、张鹏：《法律文本中"定义条款"的设置论析》，载《东方法学》2013 年第 2 期，第 20 页。
③   参见［美］杰克·戴维斯：《立法法律与程序》，姜廷惠译，商务印书馆 2022 年版，第 165 页。

［**示例1**］本法所说的国家工作人员是指一切国家机关、企业、事业单位和其他依照法律从事公务的人员。（1979年《刑法》第83条）

［**示例2**］本法所称国家工作人员，是指国家机关中从事公务的人员。（《刑法》第93条第1款）

［**示例3**］本条例所称的养犬人，是指饲养犬只的单位或者个人。（《乌鲁木齐市养犬管理条例》第43条）

［**示例4**］本规定所称台湾学生，系指来福建省就学的台湾居民。（《福建省招收台湾学生若干规定》第2条）

［**示例5**］本法所称老年人是指六十周岁以上的公民。（《老年人权益保障法》第2条）

［**示例6**］本条例所称非营利性民办幼儿园是指举办者不取得办学利益，办学结余全部用于办学的民办幼儿园。（《广州市幼儿园条例》第60条第3款）

［**示例7**］本条例所称共用部位是指：属于业主共有共用的房屋主体承重结构部位（包括基础、内外承重墙体、柱、梁、楼板、屋顶等）、门厅、楼梯间、电梯井、走廊通道等。（2011年《乌鲁木齐市物业管理条例》第67条第1款）

［**评注**］在表述方式上，宜统一使用"本法（条例、规定等）所称"，不宜用"本法（条例、规定等）所称的""本法（条例、规定等）所说的"等用语。值得注意的是，1979

年《刑法》第五章"其他规定"第 81 条至第 88 条在界定相关概念时所用措辞是"本法所说的",① 系口语语体。1997 年《刑法》第五章第 91 条至第 99 条摒弃了"本法所说的"这种口语风格,修改为书面语体"本法所称"。此外,使用"是指",不宜用"系指"等用语。例如,《福建省接受台湾同胞捐赠管理办法》第 2 条第 1 款用"是指",第 2 款又用"系指"。

被定义的立法用语之后,宜统一使用逗号,使定义条款的表述更简明。上述 7 例,同为定义条款,且具有相同的语法结构。第 2 至 4 例,"国家工作人员"等被定义项之后,使用逗号;因此,后 3 例的被定义项之后,也宜使用逗号。此外,"是指"之后不使用标点,因此,第 7 例"是指"之后不应添加冒号。

2 本法(本章、本节、本条)所称 ××,包括……。

[**示例**]本法规定的垄断行为包括:

(一)经营者达成垄断协议;

(二)经营者滥用市场支配地位;

(三)具有或者可能具有排除、限制竞争效果的经营者集

---

① 1979 年《刑法》第 81 条:"本法所说的公共财产";第 82 条:"本法所说的公民私人所有的合法财产";第 83 条:"本法所说的国家工作人员";第 84 条:"本法所说的司法工作人员";第 85 条"本法所说的重伤";第 86 条:"本法所说的首要分子";第 87 条:"本法所说的告诉才处理";第 88 条:"本法所说的以上、以下、以内"。

中。(《反垄断法》第 3 条)

[**评注**]上述示例的定义条款,采用列举外延的方法,对"垄断行为"这一法律概念予以明确。

3 定义条款可以使用"的字结构"。其表述方法为:"……的,是××。"

[**示例 1**]在共同犯罪中起次要或者辅助作用的,是从犯。(《刑法》第 27 条第 1 款)

[**示例 2**]国家工作人员利用职务上的便利,索取他人财物的,或者非法收受他人财物,为他人谋取利益的,是受贿罪。(《刑法》第 385 条第 1 款)

[**评注**]定义条款的表述,也可以使用"的字结构"。"的字结构"这一表述方法,更具简洁性。而且,有的定义条款内容,也更适合采用"的字结构"。比如,上述"受贿罪"的定义条款,由于其内容包含两部分,采用其他表述方法,不如"的字结构"简明、清晰。

5.4.2 定义条款规定多个概念、术语的,一般应当分款或者分项表述。

[**示例**]本条例所称公办幼儿园是指国家机关举办,或者军队、国有企业、人民团体、高等院校等事业单位、镇街和集体经济组织等利用财政经费或者国有资产、集体资产举办的幼儿园。

本条例所称普惠性民办幼儿园是指设立条件、保育教育质量达到同类公办幼儿园水平，受政府委托和资助提供幼儿教育服务，执行政府指导价收费的民办幼儿园。

本条例所称非营利性民办幼儿园是指举办者不取得办学利益，办学结余全部用于办学的民办幼儿园。(《广州市幼儿园条例》第 60 条)

[**评注**] 上述示例，定义条款包含多个同类、相关的法律概念和术语，采用分款或者分项表述方式，更直观、清晰。

5.5 下定义的规则

在逻辑上，被定义的语词是被定义项，用于定义的词语是定义项。设置定义条款，应当遵守定义规则，确保定义的科学性，不得含糊其词。

如果运用得当，定义是一种强有力的工具。它可以使法律简洁、精确，易于理解。值得注意的是，定义经常被错误使用。[1] 如果定义运用不当，就难以有效发挥定义的功能。不科学的定义"产生的问题通常比它解决的问题还要多"[2]。因此，

---

① 参见 [美] 杰克·戴维斯：《立法法律与程序》，姜廷惠译，商务印书馆 2022 年版，第 162 页。

② G. C. Thornton, *Legislative Drafting* (3rd Edition), London: Butterworths, 1987, p.58.

定义条款的起草，应当遵守下定义的规则。

值得注意的是，下定义通常具有两个高风险：

下定义的第一个风险是，由于界定定义只是为某种特殊目的，而没有考虑到这些相关语词用于其他意义的情况。给法律概念下定义，会导致除被界定的意义外，再使用该法律概念非常困难，甚至几乎不可能。语言使用的不一致性是立法起草过程中最可怕的陷阱，因此，要十分重视并不断检查以确定这些语词是在被界定的意义上使用。而且，使用定义可能会误导读者，尤其当法律文本很长时，定义容易被忽略或者忘记，如果人为地对某个语词界定意义，那么将会给读者在第一遍阅读时留下错误印象，从而可能导致理解偏差。

下定义的另一风险在于，由于定义是用语词定义语词，虽然这种避免模糊语义的目的令人赞赏，但是可能因为立法起草人疏忽而使其作出的定义在功效上适得其反——定义中所用语词可能进一步导致语义模糊不清。[1] 所以，立法机关对不能界定清楚的法律概念不应下定义。

5.5.1 定义项与被定义项相称

定义应当确保定义项与被定义项相称。[2] 定义项的外延应

---

① See G. C. Thornton, *Legislative Drafting* (3rd Edition), London: Butterworths, 1987, p.58.
② 《龙岩市地方立法技术规范》第 36 条。

当等同于被定义项的外延，不能定义过宽，也不能定义过窄。如果定义项不能适用于被定义项外延中的一些对象，该定义就过窄。

依据定义的外延进行划分，定义分为三大类：

（1）限定性定义，决定被定义术语意义的界限。其目的和功能，是为立法用语提供必要的确定性程度。

（2）扩大性定义，是指被定义术语含义超出该术语的通常含义。[1]

［**示例**］拐卖妇女、儿童是指以出卖为目的，有拐骗、绑架、收买、贩卖、接送、中转妇女、儿童的行为之一的。(《刑法》第240条第2款)

［**评注**］本例中，定义条款对"拐卖"的含义进行扩大，使其超出该语词的通常含义。

（3）限缩性定义所规定的含义，比该术语的通常含义狭窄。

［**示例**］夜间，是指晚上十点至次日早晨六点之间的期间，设区的市级以上人民政府可以另行规定本行政区域夜间的起止时间，夜间时段长度为八小时。(《噪声污染防治法》第88条

---

[1] G. C. Thornton, *Legislative Drafting* (3rd Edition), London: Butterworths, 1987, p.57.

第 2 项）

［**评注**］本例作为定义条款，缩小了"夜间"的含义，使其窄于该术语的通常含义。

5.5.2 定义不能循环

定义不能循环，亦即在定义概念 P 中不能再次出现被定义概念 S；否则，该定义就是同语反复的循环定义。

定义项不能包含被定义项，避免同语反复和循环定义。根据逻辑原理，定义整体上不能循环。比如，将"套汇者"定义为"从事套汇的人"，是没有意义的，因为它几乎未能提供任何有价值的信息。①

［**示例 1**］在犯罪过程中，自动中止犯罪或者自动有效地防止犯罪结果发生的，是犯罪中止。（1979 年《刑法》第 21 条第 1 款）

［**示例 2**］在犯罪过程中，自动放弃犯罪或者自动有效地防止犯罪结果发生的，是犯罪中止。（现行《刑法》第 24 条第 1 款）

［**评注**］定义不能循环，即在定义概念中不能再次出现被定义概念。关于"犯罪中止"的定义条款，定义项又使用"中

---

① ［美］罗纳德·芒森、安德鲁·布莱克：《推理的要素》（第七版），孔红译，中国轻工业出版社 2018 年版，第 228 页。

止犯罪"，属于循环定义。而且，"中止"是指中途停止，并不
排除继续实行犯罪的可能。[①]相对于"中止"而言，"放弃"能
够准确地表述犯罪中止的本质属性和立法意图。因此，立法机
关将"中止"修改为"放弃"，是科学合理的。

5.5.3 不能使用含混语词

定义应当清晰、准确，不能使用含混的语词。定义应当具
有清晰性，尽量避免在定义条款中再下定义。定义条款中的术
语，应当简明易懂，使用更为熟悉的语词[②]；否则，如果定义条
款中的术语也需要下定义，那么必将增加法律的复杂性[③]。定
义用于澄清歧义，而不是混淆意义，因此，应当使用简洁、清
晰的语言表述定义。如果使用比被定义术语更含混的表述下定
义，就不可能达到设置定义条款的预期目的。[④]

5.5.4 一般不使用否定性概念

定义项一般不应当使用否定性概念。除被定义项本身是负
概念的情况外，定义不能包含否定性概念，如"盗窃罪不是危

---

① 参见高铭暄：《中华人民共和国刑法的孕育诞生和发展完善》，北京大学出版社 2012
年版，第 204 页。
② G. C. Thornton, *Legislative Drafting* (3rd Edition), London: Butterworths, 1987, p.59.
③ 参见 ［美］杰克·戴维斯：《立法法律与程序》，姜廷惠译，商务印书馆 2022 年版，
第 163 页。
④ 参见 ［美］布鲁克·诺埃尔·摩尔、理查德·帕克：《批判性思维》(原书第十二版)，
朱素梅译，机械工业出版社 2021 年版，第 60 页。

害公共安全罪"。肯定性的定义比否定性的定义具有更多信息含量，因而，应当首选肯定性的定义。然而，对于每一事物情况，都给出肯定性的定义是不可能的。例如，"几何学上的点"的典型辞典定义，是"在空间中只有位置，没有大小、没有形状的事物"；"未婚妇女"被定义为"从未结过婚的成年妇女"。这些定义属于否定性的定义，很难使用肯定性的定义。[①]

5.5.5 不使用修辞性、晦涩性、歧义性语词

定义条款不能使用修辞性、晦涩性、有歧义的语词。定义应当明确揭示概念的内涵，避免使用晦涩、隐喻性或者有歧义的语言；否则，就可能会妨碍解释语词意义的目的。比喻确有解释的作用，但是，仅用比喻定义语词，对于理解该语词的意义帮助不大。晦涩的语言会使定义没有意义。含有歧义的定义不科学，因为无法确定该定义的哪种理解是正确的。[②]

5.5.6 准确揭示被定义项的共仅属性

概念内涵，是指为概念所思考对象的共同、仅有属性，简称"共仅属性"。[③]定义项应当准确揭示被定义项的共仅属性。

---

①　参见［美］斯蒂芬·雷曼：《逻辑的力量》（第三版），杨武金译，中国人民大学出版社 2010 年版，第 71 页。

②　［美］罗纳德·芒森、安德鲁·布莱克：《推理的要素》（第七版），孔红译，中国轻工业出版社 2018 年版，第 228 页。

③　龚启荣主著：《客体逻辑导引》，人民日报出版社 2011 年版，第 40 页。

5.5.7 定义条款的同一性

定义条款应当在整部法律、法律之间以及整个法律体系中保持一致性。定义条款应当具有同一含义，对法律的同一概念、术语的定义应当保持一致。根据立法起草原理，立法用语应当规范、统一。法律重要术语的界定，应当确保协调性、一致性，既包括同一法律中概念、术语的一致性，又包含不同法律之间概念、术语的一致性。① 在不同法律中，如果同一用语具有不同含义，势必影响法律体系的统一性。立法用语的不一致，是立法起草的最严重缺陷之一。因此，应当严格审查立法用语，确保立法用语只按其定义使用。② 不得对某一概念、术语作出与法律习惯用法相悖的定义；上位法已定义的概念，地方性法规不得另行界定，一般也不宜重复界定。

［**示例1**］配偶、父母、子女、兄弟姐妹、祖父母、外祖父母、孙子女、外孙子女为近亲属。(《民法典》第 1045 条第 2 款)

［**示例2**］行政诉讼法第二十五条第二款规定的"近亲属"，包括配偶、父母、子女、兄弟姐妹、祖父母、外祖父母、孙子女、外孙子女和其他具有扶养、赡养关系的亲属。(《最高人民法院关于适用〈行政诉讼法〉的解释》第 14 条第 1 款)

---

① 参见朱力宇、叶传星主编：《立法学》，中国人民大学出版社 2015 年版，第 255 页。
② G. C. Thornton, *Legislative Drafting* (3rd Edition), London: Butterworths, 1987, p.58.

［**评注**］上述示例，法律上的"近亲属"概念，从现有的法律规定来看，具有不同理解。不同法律对相同术语的定义不同，会造成法律理解、适用的混乱。

［**示例1**］本法中下列用语的含义：（三）"机动车"，是指以动力装置驱动或者牵引，上道路行驶的供人员乘用或者用于运送物品以及进行工程专项作业的轮式车辆。（四）"非机动车"，是指以人力或者畜力驱动，上道路行驶的交通工具，以及虽有动力装置驱动但设计最高时速、空车质量、外形尺寸符合有关国家标准的残疾人机动轮椅车、电动自行车等交通工具。（五）"交通事故"，是指车辆在道路上因过错或者意外造成的人身伤亡或者财产损失的事件。（《道路交通安全法》第119条）

［**示例2**］职工有下列情形之一的，应当认定为工伤：（六）在上下班途中，受到非本人主要责任的交通事故或者城市轨道交通、客运轮渡、火车事故伤害的。(《工伤保险条例》第14条第6项）

［**评注**］上述示例，《道路交通安全法》中"机动车"与"非机动车"这对概念并不周延。对于"交通事故"，在工伤保险主管机关适用《工伤保险条例》进行工伤认定时，是否可以直接援用机动车管理领域的《道路交通安全法》的定义条款，法律没有明确规定。

5.5.8 与国际常用法律术语协调一致

定义条款应当与国际常用法律术语协调一致。为了更好实现不同国家法律制度的业务协作和交流，中国立法起草宜参照国际常用法律术语，与国际常用法律术语的内涵、外延协调一致。比如，对于国际性犯罪类型的规定，为了适应国际社会协同的需要，定义条款在刑事法用语上应当尽量采用国际社会通行的表述。[1]

5.6 使用划分方法

所谓划分，就是以揭示概念 s 的外延为目的将概念 s 的外延集 S 分为两个或者两个以上的子集 S_1、S_2、...、S_i、...、S_n 的逻辑方法。[2] 运用划分这种逻辑方法，不用揭示概念的共仅属性（内涵），只需要根据一定标准将一个概念细分为若干小类就足以明确此概念。

使用划分方法，明确法律概念、术语的外延。定义条款的起草，不但使用下定义的方法，通常也采用划分方法。划分是揭示、明确概念外延的逻辑方法。概念的划分，是指以对象一

---

[1]　参见张明楷：《刑事立法的发展方向》，载《中国法学》2006 年第 4 期，第 18—37 页。

[2]　龚启荣主著：《客体逻辑导引》，人民日报出版社 2011 年版，第 54 页。

定的属性为标准，将一个属概念的外延分成若干种概念，从而明确其外延的逻辑方法。明确概念的外延，即是阐明一个概念所反映的对象范围。立法起草中，使用划分方法，能够准确表达法律概念、术语，提高其明确性，也便于司法、执法中正确地理解和适用法律概念、术语。

5.6.1 如果法律概念、术语的外延数量较少，使用逐一列举方法明确其外延。

［**示例 1**］"近亲属"是指夫、妻、父、母、子、女、同胞兄弟姊妹。（《刑事诉讼法》第 108 条第 6 项）

［**示例 2**］主要农作物是指稻、小麦、玉米、棉花、大豆。（《山东省种子条例》第 61 条第 2 项）

［**评注**］有些法律概念、用语的外延，数量是有限的、可数的，能够使用列举对象的方法明确其外延。上述示例，"近亲属""主要农作物"的外延能够完全逐一列举，可以使用划分方法揭示、明确其外延。

5.6.2 如果法律概念、术语的外延不可逐一表述，列举部分外延，同时使用兜底条款或者"等"。

有些法律概念、用语的外延，不可逐一列举，或者逐一列举会使法条表述冗长，为了明确其外延，也宜采用划分方法。这种划分方法，一般是列举部分外延，同时使用兜底条款或者"等"。

［**示例 1**］生活垃圾分为以下四类：

（一）可回收物，是指适宜回收和可循环再利用的物品；

（二）餐厨垃圾，是指餐饮垃圾、废弃食用油脂、家庭厨余垃圾以及废弃的蔬菜、瓜果等有机易腐垃圾；

（三）有害垃圾，是指对人体健康或者自然环境造成直接或者潜在危害的物质；

（四）其他垃圾，是指除前三项以外的生活垃圾。（《广州市生活垃圾分类管理条例》第 3 条第 1 款）

［**示例 2**］在本市行政区域内，禁止食用下列野生动物：

（一）野外环境中自然生长繁殖的陆生野生动物和人工繁育、人工饲养的陆生野生动物；

（二）国家重点保护的水生野生动物；

（三）法律规定禁止食用的其他野生动物。（《广州市禁止滥食野生动物条例》第 2 条第 1 款）

［**示例 3**］公众聚集场所，是指学校、幼儿园以及医院、车站、机场、客运码头、商场、餐饮场所、体育场馆、展览馆、公园、景区、宾馆、影剧院、图书馆、儿童活动中心、公共浴池、养老机构、行人过街天桥等场所。（《福建省电梯安全管理条例》第 54 条第 2 项）

［**评注**］上述示例，"生活垃圾""野生动物""公众聚集场所"等法律概念的外延，其对象不可逐一列举。相关定义条款

采用划分方法，列举部分外延，同时使用兜底条款或者"等"。值得注意的是，"列举部分外延"，是指列举少数有代表性的部分外延。根据经验和常识，如果守法、司法、执法主体能够理解、预见其他外延，不宜列举过多外延；否则，会造成法条表述冗余。比如，"公众聚集场所"的外延，无须详细列举。

5.6.3 根据对象有无某种属性，通过划分方法，明确法律概念、术语的外延。

［**示例1**］香港特别行政区居民，简称香港居民，包括永久居民和非永久性居民。(《香港基本法》第24条第1款)

［**示例2**］美术馆包括国有美术馆和非国有美术馆。利用或者主要利用国有资产设立的美术馆为国有美术馆；利用或者主要利用非国有资产设立的美术馆为非国有美术馆。(《上海市美术馆管理办法》第2条第2款)

［**评注**］在逻辑上，立法起草人使用划分法，将"香港居民"分为"永久居民"与"非永久性居民"；将"美术馆"分为"国有美术馆"与"非国有美术馆"。这种划分是特殊的划分方法，是以对象有无某种属性作为划分根据，将一属概念划分为一正概念和一负概念，是为"二分法"。上述示例，"香港居民"的划分依据，系是否享有居留权和有资格依照香港特别行政区法律取得载明其居留权的永久性居民身份证；"美术馆"的划分依据，系是否为国家机关、国有企业单位创办或者所属。

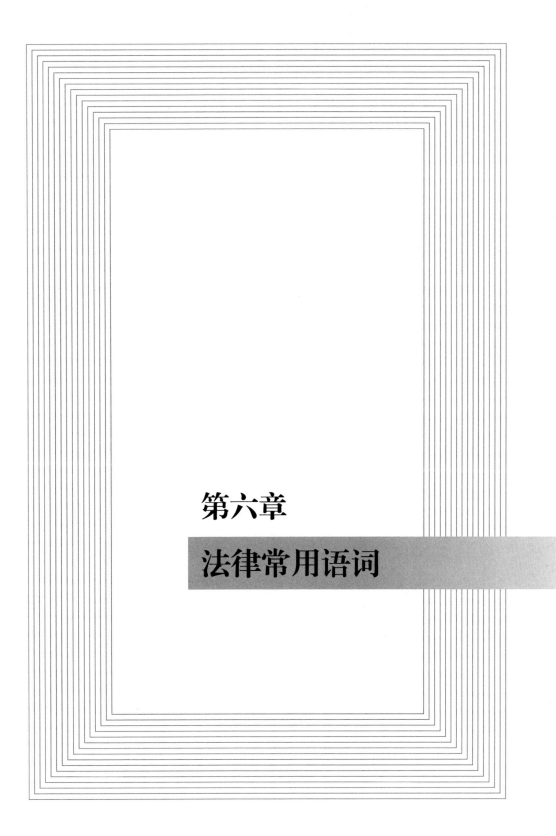

第六章

法律常用语词

6.1 概数使用规则

概数是表示大概数目或者幅度的数词，包括"以上""以下""已满""不满"等。概数是法律的常用数词。使用概数的风险[1]，在于如果使用不当，会引起法条表述的模糊性或者歧义性。模棱两可是立法起草的主要问题之一。立法起草人应当把避免模棱两可看作立法起草的目标，并努力实现这一目标。[2]法律应当设置专门条款，对概数作出准确定义。立法起草人应当规范使用概数，提高表述的明确性，避免模糊性、歧义性。

6.1.1 "以上"包括本数

［示例1］民法所称的"以上"、"以下"、"以内"、"届满"，包括本数；所称的"不满"、"超过"、"以外"，不包括本数。(《民法典》第1259条)

［示例2］代书遗嘱应当有两个以上见证人在场见证，由其中一人代书，并由遗嘱人、代书人和其他见证人签名，注明年、月、日。(《民法典》第1135条)

［示例3］管制的期限，为三个月以上二年以下。(《刑法》

---

[1] ［希腊］［英］海伦·赞塔基：《立法起草：规制规则的艺术与技术》，姜孝贤译，法律出版社2022版，第104页。
[2] See Peter Butt & Richard Castle, *Modern Legal Drafting: A Guide to Using Clearer Language*, Cambridge University Press, 2006, pp.18-19.

第 38 条第 1 款）

[**评注**]《民法典》和《刑法》专设条文，规定"以上"包含本数。第 2 例中，"两个以上见证人"包含两个见证人；第 3 例中，"三个月以上"包含三个月。

6.1.2 "以下"的使用规则

1 条文没有使用"以上"，只使用"以下"，且单独与含有具体数字的内容连用的，"以下"包括本数。

[**示例 1**]虐待俘虏，情节恶劣的，处三年以下有期徒刑。（《刑法》第 448 条）

[**示例 2**]管制的期限，为三个月以上二年以下。（《刑法》第 38 条第 1 款）

[**评注**]第 1 例中，"三年以下"是单独使用的，包含三年。第 2 例中，同时使用"以上""以下"，但是所指不是相同事项；因此，"三个月以上"和"二年以下"均包含本数。

2 对于相同事项，以具体数字为临界点，同时使用"以下"和"以上"的，"以下"不包括本数。

[**示例 1**]身高 1.2 米以上的儿童乘坐火车应当购票。

[**示例 2**]身高 1.2 米以下的儿童乘坐火车不需购票。

[**示例 3**]本法所称以上、以下、以内，包括本数。（《刑法》第 99 条）

[**示例 4**]以暴力、威胁方法拒不缴纳税款的，处三年以

下有期徒刑或者拘役，并处拒缴税款一倍以上五倍以下罚金；情节严重的，处三年以上七年以下有期徒刑，并处拒缴税款一倍以上五倍以下罚金。(《刑法》第202条)

［评注］如果"以上"和"以下"都包括本数，那么身高恰好为1.2米的儿童究竟是否应当购票？第1例中，1.2米的儿童应当购票；第2例中，1.2米的儿童不需购票。这两项表述相互矛盾，因此，在这种情形中，"以下"不能包括本数。

《刑法》分则存在诸多上述以一定刑期为临界点，并同时使用"以上""以下"的法定刑设置。这至少在形式上不尽合理，因为具有一般情节的行为人和加重情节的行为人，能够同时适用临界点上的法定刑。于是，在这种意义上，立法机关区分一般情节和加重情节的立法意图未能充分体现。因此，《刑法》第202条中的"三年以下"，不应当包含"三年"。由此可见，《刑法》第99条对"以下"的规定，应当区分不同情形，不宜一概规定"以下"也包含本数。

特别值得肯定的是，有的部门规章遵循了"以上""以下"的使用规则。

［示例］本办法所称"以上"摄氏度（℃）含本数，"以下"摄氏度（℃）不含本数。(《防暑降温措施管理办法》第24条)

［评注］上述示例，对于相同事项"摄氏度"，《防暑降温

措施管理办法》同时使用了"以上""以下"。该部门规章明确规定，"以上"包含本数，"以下"不包含本数，是科学规范的。

6.1.3 何时包含本数

"已满""届满""以内"包括本数；"不满""不足""超过"不包括本数。

［**示例1**］对依照前三款规定追究刑事责任的不满十八周岁的人，应当从轻或者减轻处罚。(《刑法》第17条第4款）

［**示例2**］当事人约定同一债务分期履行的，诉讼时效期间自最后一期履行期限届满之日起计算。(《民法典》第189条）

［**示例3**］未实行车票实名制的，身高1.2米且不足1.5米的儿童应当购买儿童优惠票；身高达到1.5米的儿童，应当购买全价票。每一名持票成年人旅客可以免费携带一名身高未达到1.2米且不单独占用席位的儿童乘车；超过一名时，超过人数应当购买儿童优惠票。(《铁路旅客运输规程》第12条第3款）

［**评注**］概数的使用，关乎边界的明确性，法律宜对概数作出明确的定义；否则，为了避免歧义，应当将概数替换为其他相近语词，可使用"未达到"替换"不满"，使用"不足"代替"以下"。例如，第3例使用"未达到1.2

米以下"；使用"不足 1.5 米"，代替"1.5 米以下"。

6.2 "和""或者"等常用连词使用规则

连词表示语法单位之间的逻辑关系，没有词汇意义，只有语法意义。连词用于连接语词、短语和分句，不属于语句成分。"和""或者"作为立法的常用语词，有着不可替代的联结作用。"和"用于表示并列关系，"或者"用于表示选择关系。

"和"与"或者"是法律条文常用的逻辑联结词。立法起草人应当根据法律概念之间的合取、析取、否定、蕴涵等逻辑关系，正确使用"和""或者"等逻辑联结词。

6.2.1 "和"的使用

表述并列关系，且包含拟规定的全部要素，使用"和"。

［**示例 1**］选举权和被选举权。（《刑法》第 54 条第 1 项）

［**示例 2**］电梯使用管理单位，是指具有电梯管理权利和义务的单位或者个人。（《福建省电梯安全管理条例》第 54 条第 1 项）

［**评注**］第 1 例中，选举权和被选举权，是公民的基本政治权利之一。《刑法》第 54 条剥夺犯罪人的政治权利，是指同时剥夺选举权和被选举权。"选举权"与"被选举权"之间是并列关系，因此，使用逻辑联结词"和"。第 2 例中，由于权利、义务具有统一性，享有权利的同时，应当履行相应义务。

因此，"权利"与"义务"之间也是并列关系，使用逻辑联结词"和"。

需要指出的是，使用逻辑联结词"和"，并不意味着一定表述合取关系、并列关系。吕叔湘先生指出，并列成分之间的关系包括：（1）"加和关系"（A 和 B）；（2）"交替关系"（A 或者 B）。其中，加和关系分为"加而不合"与"加而且合"。其区分可以通过如下示例：（a）小张和小王是山东人。（b）小张和小王是同乡。（a）例是"加而不合"，即小张是山东人，小王是山东人。（b）例是"加而且合"，不能说"小张是同乡，小王是同乡"，只能说"小张和小王"是同乡。①再如以下示例：

［**示例1**］小张和小王是好朋友。

［**示例2**］公民有劳动的权利和义务。

［**评注**］第 1 例中，"小张和小王是好朋友"，不能分解为"小张是好朋友""小王是好朋友"，因此，该例的"和"不是表达合取关系、并列关系的逻辑联结词。第 2 例中，"公民有劳动的权利和义务"，却能分解为"公民有劳动的权利""公民有劳动的义务"，因此，该例的"和"是表达合取关系、并列关系的逻辑联结词。由此可见，它们虽然具有相同的语法结

---

① 参见吕叔湘：《汉语语法分析问题》，商务印书馆 2005 年版，第 57—58 页。

构，但是，它们却不具有相同的逻辑结构。①

［**示例 1**］代理人和相对人恶意串通，损害被代理人合法权益的，代理人和相对人应当承担连带责任。(《民法典》第 164 条第 2 款)

［**示例 2**］当事人一方因第三人的原因造成违约的，应当依法向对方承担违约责任。当事人一方和第三人之间的纠纷，依照法律规定或者按照约定处理。(《民法典》第 593 条)

［**评注**］"代理人和相对人（相互）恶意串通"，并不等值于"'代理人恶意串通'并且'相对人恶意串通'"；但是，"代理人和相对人应当承担连带责任"，等值于"'代理人应当承担连带责任'并且'相对人应当承担连带责任'"。由此可见，"代理人和相对人恶意串通"与"代理人和相对人应当承担连带责任"，它们虽然具有相同的语法结构，但是，它们却不具有相同的逻辑结构。

6.2.2 "或者"的使用

表述相容选择关系或者不相容选择关系，使用"或者"。

［**示例 1**］犯罪的行为或者结果有一项发生在中华人民共和国领域内的，就认为是在中华人民共和国领域内犯罪。(《刑

---

① 参见［美］保罗·蒂德曼、霍华德·卡哈尼:《逻辑与哲学: 现代逻辑导论》(第九版)，张建军、张燕京等译，中国人民大学出版社 2017 年版，第 32 页。

法》第 6 条第 3 款）

［**示例 2**］禁止为出售、购买、利用野生动物或者禁止使用的猎捕工具发布广告。禁止为违法出售、购买、利用野生动物制品发布广告。(《野生动物保护法》第 32 条）

［**示例 3**］妇女的人身自由不受侵犯。禁止非法拘禁和以其他非法手段剥夺或者限制妇女的人身自由；禁止非法搜查妇女的身体。(《妇女权益保障法》第 19 条）

［**示例 4**］故意杀人的，处死刑、无期徒刑或者十年以上有期徒刑；情节较轻的，处三年以上十年以下有期徒刑。(《刑法》第 232 条）

［**评注**］如果表达相容选择关系或者不相容选择关系，两个立法用语之间，使用"A 或者 B"的表述方式；三个或者三个以上立法用语之间，使用"A、B 或者 C"的表述方式。由于"A 或者 B 或者 C"表述冗余，因而 A 与 B 之间使用顿号，表述"或者"，更清晰简明。上述示例，前 3 例的"或者"是表示相容选择关系的逻辑联结词。第 4 例中，不同刑种之间是不相容关系，因此，"或者"是表示不相容选择关系的逻辑联结词。

值得注意的是，通观法律文本，有大量的顿号表示"或者"，顿号前后并列的语词是选择关系，包括相容选择关系，也包括不相容选择关系。顿号表示相容选择关系的，例如，

"拐卖妇女、儿童";顿号表示不相容选择关系的,比如,"处十年以上有期徒刑、无期徒刑"。需要注意的是,应当根据立法意图和具体内容,判断立法用语之间是相容选择关系还是不相容选择关系。

［示例1］县级以上人民政府和有关部门应当按照规定,对在学前教育事业中做出突出贡献的单位和个人给予表彰、奖励。(《山东省学前教育条例》第8条)

［示例2］县级以上人民政府和有关部门应当按照规定,对在学前教育事业中做出突出贡献的单位或者个人给予表彰、奖励。

［评注］上述示例,立法起草人使用"和",意图表彰、奖励的对象,同时包含单位、个人。那么,对于做出突出贡献的个人,能否单独给予表彰、奖励,存在一定模糊性。使用"或者",更能准确表达立法意图,符合立法目的。原因在于,对单位、个人均可单独给予表彰、奖励,也可共同给予表彰、奖励。

6.2.3 不得混淆"和"与"或者"

应当正确区分并列关系与选择关系,不得混淆"和"与"或者"。

"和"与"或者"分别作为联言命题与选言命题的逻辑联结词,立法机关使用"和"意指适用法律规范的前提是同时符合全部法定要件，使用"或者"意指适用法律规范的前提是至少符合一个法定要件。

[**示例1**]公司合并可以采取吸收合并和新设合并两种形式。（2004年《公司法》第184条第1款）

[**示例2**]公司合并可以采取吸收合并或者新设合并。（2005年《公司法》第173条第1款）

[**评注**]对于公司合并，要么采取吸收合并形式，要么采取新设合并形式。两种合并形式之间，是非此即彼的不相容选择关系，宜使用逻辑联结词"或者"。因此，使用逻辑联结词"和"，违反形式逻辑。2005年《公司法》将"和"修改为"或者"，是科学合理的。①

[**示例1**]人民法院受理公民、法人和其他组织对下列具体行政行为不服提起的诉讼。（1989年《行政诉讼法》第11条）

[**示例2**]人民法院受理公民、法人或者其他组织提起的下列诉讼。（2017年《行政诉讼法》第12条）

[**评注**]根据立法意图和司法实践，公民、法人、其他组织，任一主体均可单独提起行政诉讼。各主体之间是选择关

---

① 参见张越：《立法技术原理》，中国法制出版社2020年版，第263页。

系，而非合取关系、并列关系。因此，2017 年《行政诉讼法》第 12 条将原法条中的"和"修改为"或者"，是科学合理的。①

"和"与"或者"之间的区别，具有重要的实质意义。由于这些语词看似微不足道，它们的重要性才被忽视。一般地，无论使用"和"还是"或者"，在法律和语法上都讲得通；至于究竟使用哪一联结词，应当根据立法意图和立法目的进行判断。②

［示例 1］患者在诊疗活动中受到损害，医疗机构及其医务人员有过错的，由医疗机构承担赔偿责任。（2009 年《侵权责任法》第 54 条）

［示例 2］患者在诊疗活动中受到损害，医疗机构或者其医务人员有过错的，由医疗机构承担赔偿责任。（《民法典》第 1218 条）

［评注］上述示例，本条款的立法意图是，医疗机构或者医疗机构的医务人员，如果任一主体有过错，医疗机构就应当承担赔偿责任。原条文所用"及"，相当于逻辑联结词"和"。如果严格按照字面解释，"医疗机构"与"其医务人员"是并

---

① 参见张越：《立法技术原理》，中国法制出版社 2020 年版，第 266 页。
② 参见［美］杰克·戴维斯：《立法法律与程序》，姜廷惠译，商务印书馆 2022 年版，第 168 页。

列关系。这意味着，只有"医疗机构"和"其医务人员"共同致患者受到损害的，医疗机构才承担赔偿责任，明显不利于保护患者权益。《民法典》将该条的"及"修改为"或者"，是科学合理的。

6.2.4 不同逻辑联结词的连续使用

如果法律条文连续使用不同逻辑联结词，应当根据立法意图，准确把握语词之间的逻辑关系，正确使用"和""或者"。

同时使用"和""或者"，如果使用不当，就会引起模糊性、歧义性。[①] 法律条文连续使用不同逻辑联结词，立法起草人应当准确理解立法意图，把握语词之间是并列关系还是选择关系，从而正确使用"和""或者"等逻辑联结词。

［**示例1**］电梯使用管理单位，是指具有电梯管理权利和义务的单位或者个人。(《福建省电梯安全管理条例》第54条第1项)

［**示例2**］对查封、扣押的财物、文件，应当会同在场见证人和被查封、扣押财物、文件持有人查点清楚，当场开列清单一式二份，由侦查人员、见证人和持有人签名或者盖章，一

---

① Ann Seidman, Robert B. Seidman and Nalin Abeyesekere, *Legislative Drafting for Democratic Social Change: A Manual for Drafters*, London: Kluwer Law International, 2001, p.267.

份交给持有人，另一份附卷备查。（2012 年《刑事诉讼法》第 140 条）

［**评注**］第 1 例中，由于权利、义务具有统一性，享有权利的同时，应当履行相应义务；因此，"权利""义务"之间，使用逻辑联结词"和"。由于电梯使用管理单位，可能是单位，也可能是个人，"单位""个人"之间是选择关系，所以，使用逻辑联结词"或者"。第 2 例中，由于侦查人员、见证人、持有人是三方不同主体，如果意图表达三方均应当"签名""盖章"，那么三方不同主体是合取关系，前两个语词之间使用顿号联结，最后两个语词之间使用逻辑联结词"和"。"签名"与"盖章"之间，如果意图表达选择关系，不需要既签名又盖章，那么使用逻辑联结词"或者"。据此，本条的逻辑含义是，侦查人员、见证人、持有人三方均应当、至少各派一名成员，但是三方成员既可以都采用签名方式，又可以都采用盖章方式，还可以有的采用签名方式，有的采用盖章方式。[①]

6.2.5 区分使用"与""和"

"与"具有多种词性，应当区分使用。"与"用于引入动作协同的对象，为介词。"与"还能用作连词，联结并列关系的

---

① 参见张越：《立法技术原理》，中国法制出版社 2020 年版，第 265—266 页。

事项。为了避免跟"和"相混淆，表达并列关系不使用"与"，仅使用"和"。

1 引入动作协同的对象，使用"与"。

［**示例1**］刑罚的轻重，应当与犯罪分子所犯罪行和承担的刑事责任相适应。(《刑法》第5条)

［**示例2**］刑罚的轻重，应当和犯罪分子所犯罪行和承担的刑事责任相适应。

［**示例3**］与前两款所列人员勾结，伙同贪污的，以共犯论处。(《刑法》第382条第3款)

［**示例4**］和前两款所列人员勾结，伙同贪污的，以共犯论处。

［**示例5**］本市保障妇女享有与男子平等的人身和人格权益。(《上海市妇女权益保障条例》第20条)

［**评注**］第1例、第3例和第5例，使用"与"是科学、规范的，不能使用"和"。上述示例，"与"是介词，而不是用于表示联结关系的连词，应当注意避免跟"和"相混淆。

2 表达并列关系，不使用"与"，使用"和"。

从立法技术上，表达方式应当尽可能统一、明确。如果A和B二者皆具备，使用"和"；如果二者选择其一，使用"或者"。"与"不如"和""或者"明确，也不如"和""或者"较易达成共识。"和""或者"是常用词，在表达并列关系上，用

"和"比用"与"产生的歧义少。①

［**示例1**］本办法所称海昏侯国遗址，是指位于南昌市新建区行政区域内，经国务院公布为全国重点文物保护单位的紫金城城址与铁河古墓群。(《江西省南昌汉代海昏侯国遗址保护办法》第2条第2款)

［**示例2**］本办法所称海昏侯国遗址，是指位于南昌市新建区行政区域内，经国务院公布为全国重点文物保护单位的紫金城城址和铁河古墓群。

［**评注**］"紫金城城址""铁河古墓群"之间，是并列关系，不宜使用"与"，宜使用"和"。

6.2.6 否定词与"和""或者"的连用

一般地说，"和""或者"看似无关痛痒的语词，但是，它们却能引起逻辑错误，特别是与否定意义结合的时候。②在立法起草中，具有否定意义的语词与"和""或者"相结合，可能会造成歧义。因此，立法起草人应当格外留意，确保法条表述准确、清晰简明。

［**示例1**］渔船不得进入A区、B区。

［**示例2**］渔船不得进入A区和B区。

---

① 笔者曾就"和""或者""与"等立法用语，向中国政法大学刑法学教授阮齐林请教。
② 参见［英］郑乐隽：《逻辑的力量》，杜娟译，中信出版集团2019年版，第87页。

［**示例3**］渔船不得进入 A 区或者 B 区。

［**评注**］调研表明，对于上述 3 例的理解，不同专家、学者、市民等存在明显差异。第一种观点认为，3 例的含义没有区别，即渔船不得进入 A 区，也不得进入 B 区。第二种观点认为，第 1 例与第 2 例没有根本区别。第 1 例的顿号与第 2 例的"和"，表达相同意思，即"渔船不得进入 A 区，也不得进入 B 区"，都表示渔船不能进入 A 区和 B 区，禁止进入的是"A 区且 B 区"；第 3 例的"或者"表达选择关系，意味着渔船可以进入其一区域。具体地说，第 3 例禁止进入的是"A 区或者 B 区"，如果禁止进入 A 区，可以进入 B 区，反之亦然。

（1）对于否定词与"和""或者"的连用，应当准确表达立法意图，实现立法起草的一致性，确保法律适用得出确定性结论。

比如，如果立法起草意图表达"不得 A，也不得 B"，那么，直接表述为"不得 A，不得 B"，无疑是最明确的。但是，这一表述不够简洁；所以，立法起草中，为了简化表述，通常也会省略第二个"不得"。那么，问题是，究竟表述为"不得 A 和 B"，还是"不得 A 或者 B"？事实上，这两种表述方式，在不同法律甚至同一法律中都有使用。但是，在逻辑上，"和""或者"有明显区别，因此，在规范文件里，要使用最精准的表述，且要统一表述。

否定词是只对最接近的事项起作用，还是对远离否定词的其他事项也起作用，是有歧义的。[1] 比如，"不得进入 A 区或者 B 区"。否定词"不得"，对"B 区"是否起作用？调研表明，不同主体存在明显分歧。原因在于，在符号语言中，通过对"A 和 B"使用括号，能够避免和消除歧义；但是，在立法语言中，由于不使用括号，因此，否定词"不得"起作用的范围，是仅限于 A 区，还是包含 B 区，人们存在不同理解。

为了消除歧义，应当约定：否定词起作用的范围，是"和""或者""、"联结的整个事项[2]。譬如，"不得进入 A 区、B 区"，否定词"不得"起作用的范围是"A 区、B 区"；"不得进入 A 区或者 B 区"，否定词"不得"起作用的范围是"A 区或者 B 区"；"不得进入 A 区和 B 区"，否定词"不得"起作用的范围是"A 区和 B 区"。

在否定词与联结词"和""或者"的使用上，为了实现立法起草的一致性，确保法律适用得出确定性结论，起草法律、

---

[1] 在符号表达式中，依照习惯，否定词 ¬ 只对紧靠的单位起作用。例如，在表达式 ¬K∨M 中，否定词 ¬ 只对 K 起作用；在表达式 ¬（K∨M）中，¬ 对括号内的整个表达式起作用。在自然语言中，"并非 K 或者 M"，是有歧义的。因为，否定词起作用的范围是不确定的。为了消除这种歧义，应当约定：否定词只对紧靠的单位起作用。因此，"并非 K 或者 M"应当表示为：¬K∨M。参见［美］帕特里克·J. 赫尔利：《逻辑学基础》，郑伟平、刘新文译，中国轻工业出版社 2017 年版，第 271 页。

[2] 在语法上，"和""或者""、"联结的单独事项，是相同的语句成分。比如，对于"渔船不得进入 A 区或者 B 区"，"A 区""B 区"均为语句的宾语。因此，将"和""或者""、"联结的事项当作一个整体，也具有语法根据。

解释法律应当遵循"德摩根定律"。[①] 德摩根定律包含两项内容：(i)"并非（A 和 B）"等价于"并非 A 或者并非 B"。比如，"并非小张既高又胖"，等价于"并非小张高或者并非小张胖"。亦即，小张高，但不胖；或者，小张不高，但是胖；或者，小张不高，也不胖。(ii)"并非（A 或者 B）"等价于"并非 A 且并非 B"。比如，"并非小张高或者胖"，等价于"并非小张高且并非小张胖"。亦即，小张不高，也不胖。

（2）对两个事项的并列性否定，否定词之后的两个事项之间使用"或者"。

对两个事项的并列性否定，就是同时否定两个事项。比如，不得 A，也不得 B。在逻辑上，依据德摩根定律，"不得 A，不得 B"的表述方式，是"不得 A 或者 B"。如前所述，根据约定，"A 或者 B"是一个整体，否定词"不得"的作用范围是"A 或者 B"。因此，立法起草如果意图表达"不得 A，不得 B"，应当表述为"不得 A 或者 B"。王宗玉教授认为，"这种表述方式简洁明了"。[②]

---

① 在符号语言或者自然语言中，可以对"A 和 B""A 或者 B"使用括号或者下划线；但是，在立法语言中，不可能对"A 和 B""A 或者 B"使用括号或者下划线。那么，立法起草人如何运用德摩根定律，准确表达立法意图？本书认为，无论是立法起草还是法律解释，当否定词与"A 和 B""A 或者 B"连用时，统一约定"A 和 B""A 或者 B"是一个整体。亦即，不得 A 和 B，就是不得（A 和 B）；不得 A 或者 B，就是不得（A 或者 B）。

② 笔者曾就此问题向王宗玉教授请教。

〔**示例 1**〕不得 A 或者 B。

〔**示例 2**〕渔船不得进入 A 区或者 B 区。

〔**示例 3**〕没有法定的或者约定的义务，为避免他人利益受损失而进行管理的人，有权请求受益人偿还由此支出的必要费用。(《民法典》第 121 条)

〔**示例 4**〕非婚生子女享有与婚生子女同等的权利，任何人不得加以危害和歧视。(2001 年《婚姻法》第 25 条第 1 款)

〔**示例 5**〕非婚生子女享有与婚生子女同等的权利，任何组织或者个人不得加以危害和歧视。(《民法典》第 1071 条第 1 款)

〔**评注**〕前 3 例是科学、规范的，能够准确地表达对两个事项的并列性否定。比如，第 3 例中，"没有法定的或者约定的义务"，亦即，无因管理人既没有法定的义务，又没有约定的义务，是成立无因管理的前提条件。第 4 例、第 5 例中，立法意图应当是：不得危害非婚生子女，也不得歧视非婚生子女。亦即，对"危害非婚生子女""歧视非婚生子女"两个事项的并列性否定，否定词之后的两个事项之间不宜使用"和"，而应当使用"或者"。

〔**示例 1**〕国家所有的财产受法律保护，禁止任何单位和个人侵占、哄抢、私分、截留、破坏。(2007 年《物权法》第 56 条)

［**示例2**］国家所有的财产受法律保护，禁止任何组织或者个人侵占、哄抢、私分、截留、破坏。(《民法典》第258条）

［**评注**］上述示例，《物权法》使用逻辑联结词"和"，如果严格按照字面解释，是否可以理解为只禁止"任何单位和个人"共同实施的侵占、哄抢等行为？① 显然，这一表述不能实现保护国有财产的立法目的。《民法典》将该条的"和"修改为"或者"，意味着，三种情形均应禁止：一是任何组织实施的侵占等行为；二是任何个人实施的侵占等行为；三是任何组织和个人共同实施的侵占等行为。这一修改是科学合理的，能够充分体现、实现保护国有财产的立法目的。

（**3**）对三个以上事项的并列性否定，在否定词之后，最后两个事项之间使用"或者"，其他事项之间使用顿号。

例如，立法起草如果意图表达"不得A，不得B，也不得C"，表述为"不得A、B或者C"。对于否定词"不得"之后的两项内容，是使用"和""或者"，还是使用"顿号"联结？陈兴良教授指出："简洁性要服从于明确性，这是基本原则。但是，在两个'不得'的情况下，删去一个'不得'，'不得'

---

① 参见张越:《〈民法典〉的立法技术创新与探索》，人民法院出版社2021年版，第147—148页。

的两项内容以顿号相联结，含义也还是清楚的。"① 对于三个以上事项的并列性否定，最后两个事项之间使用"或者"联结，其他事项之间如何联结？本书认为，如果其他事项之间也使用"或者"联结，即"不得 A 或者 B 或者 C"，那么表述缺乏简明性。因此，其他事项之间使用顿号相联结。

〔**示例 1**〕不得 A、B 或者 C。

〔**示例 2**〕渔船不得进入 A 区、B 区或者 C 区。

（4）如果至少否定两个事项之一，否定词之后的两个事项之间使用"和"。

比如，立法起草如果意图表达"不得 A，可以 B"，或者"可以 A，不得 B"，或者"不得 A，且不得 B"，表述为"不得 A 和 B"。需要指出的是，在日常语言中，"不得 A 和 B"，可能也有"不得 A，也不得 B"的意思。这就会产生不同理解。由此可见，该表述存在歧义。因此，在立法起草中要明确、精准地表达意思。

〔**示例 1**〕不得 A 和 B。

〔**示例 2**〕渔船不得进入 A 区和 B 区。

〔**示例 3**〕非法持有属于国家绝密、机密的文件、资料或

---

① 对于否定词"不得"之后的两项内容，如何联结？是使用"和"还是"或者"？笔者曾向北京大学法学院陈兴良教授请教。

者其他物品，拒不说明来源与用途的，处三年以下有期徒刑、拘役或者管制。(《刑法》第282条第2款)

[**评注**] 第3例中，"与"等同于"和"，用于表述两个事项的并列关系。否定词是"拒不"，两个事项是"说明来源""说明用途"。如果至少否定两个事项之一，即是：行为人拒不说明来源，或者拒不说明用途，或者既拒不说明来源又拒不说明用途。具备上述三项情形之一的，按照该条款定罪处刑。[①] 根据"德摩根定律"，"并非（A和B）"等价于"并非A或者并非B"。具体到本例，"拒不（说明来源和说明用途）"，等价于"拒不说明来源或者拒不说明用途"。因此，如果立法起草人意图表达"拒不说明来源或者拒不说明用途"，应当表

---

① 张明楷教授也指出，对于国家绝密、机密文件、资料或者其他物品，实施非法持有行为，说明其来源和用途的，不成立本罪；但是，仅说明来源，或者仅说明用途的，成立本罪。参见张明楷：《刑法学》(第五版)，法律出版社2016年版，第1044页。法律实务人士、前法官臧德胜博士也主张，对于国家绝密、机密文件、资料或者其他物品，行为人既有说明其来源的义务，又有说明其用途的义务。本条的罪状表述是否定句式，行为人只有把其来源和用途都说清楚，才能出罪；否则，就是没有尽到说明义务。值得注意的是，也有学者持相反观点，主张行为人只要说明来源或者说明用途之一的，就不构成本罪。比如，中国人民大学刑法学博士肖鹏认为：(1)"拒不说明来源、用途"和"拒不说明来源或者用途"是同一含义。理由是，从《刑法》的其他表述来看，当构成要件要素之间以顿号相连接时，一般表示选择关系，即顿号具有"或者"的含义。(2)本条的表述是"拒不说明来源与用途"，当"与"作为逻辑联结词时，只能解释为"和"。如果将其解释为"或者"，则属于不利于被告人的类推适用，违反罪刑法定原则。因此，从文义上来看，行为人只说明来源，或者只说明用途的，均不构成本罪。这一解释结论也具备实质合理性，因为国家秘密载体通常已受到严格管控，相关部门只要知道其来源，就可以方便地调查其用途，或者只要知道其用途，亦可方便地调查其来源。行为人只要说明其来源或者用途之一，对于国家安全部门来说，行为人基本上就已交代其来源和用途。

述为"拒不（说明来源和说明用途）"。按照约定，"说明来源和说明用途"作为一个整体，在法条表述中省略括号，即是"拒不说明来源与用途"。由此可见，第 3 例对否定词、联结词的运用，合乎逻辑，是准确、科学的。

如前所述，在符号语言中，为了避免歧义，对"A 和 B"使用括号；但是，在立法语言中，由于不使用括号，因此，理解、适用法案时，应当约定"A 和 B"作为一个整体，从而依据"德摩根定律"，逻辑地得出精准的解释结论。

（5）如果至少否定三个以上事项之一，在否定词之后，最后两个事项之间使用"和"，其他事项之间使用顿号。

例如，立法起草如果意图表达下列七种情形之一，那么表述为"不得 A、B 和 C"。下列七种情形之一："不得 A，可以 B，可以 C"，或者"可以 A，不得 B，可以 C"，或者"可以 A，可以 B，不得 C"；"不得 A，不得 B，可以 C"，或者"不得 A，可以 B，不得 C"，或者"可以 A，不得 B，不得 C"；"不得 A，不得 B，不得 C"。如果至少否定三个以上事项之一，最后两个事项之间使用"和"联结，其他事项之间如何联结？本书认为，如果其他事项之间也使用"和"联结，即"不得 A 和 B 和 C"，那么表述缺乏简明性。因此，其他事项之间使用顿号相联结。

［示例 1］不得 A、B 和 C。

［**示例2**］渔船不得进入 A 区、B 区和 C 区。

［**示例3**］被申请人未依照行政复议法第二十三条的规定提出书面答复、提交当初作出具体行政行为的证据、依据和其他有关材料的，视为该具体行政行为没有证据、依据，行政复议机关应当决定撤销该具体行政行为。（《行政复议法实施条例》第46条）

［**评注**］第3例中，否定词"未"所起作用的范围，效力及于表达逻辑联结关系的"顿号""和"。亦即，否定词"未"是对三者之间"合取关系"这一整体的否定。根据逻辑等值关系，对三者之间"合取关系"的否定，就是对每一事项否定之后的选择。用符号语言直观地表示为：$\neg(A \wedge B \wedge C)$ 等值于 $\neg A \vee \neg B \vee \neg C$。因此，"未提出书面答复""未提交当初作出行政行为的证据、依据""未提交其他有关材料"之间，是选择关系。只要具有其一情形，行政复议机关就应当决定撤销该行政行为。[①]

6.2.7 "及""以及"等的使用规则

立法起草人应当注意"及""以及""及其""及其他"的使用规则。"及""以及"都是表示并列关系的连词，一般用在语

---

① 参见张越：《立法技术原理》，中国法制出版社2020年版，第268页。

句的最后两个语词或者短语之间。①

1 "及"的使用规则。

"及"用于连接名词、名词性短语，功能相当于"和"。"及"之前没有停顿，不能用逗号。②如果"及"连接三项、三项以上名词或者名词性短语，最后两项之间使用"及"进行连接，"及"之前的名词、名词短语之间使用顿号隔开。"及"连接的前后两部分，分别称作"前项""后项"。前项与后项之间的语法地位是并列关系，但是，在语义上有主次、轻重之分。

（1）"及"连接的前项、后项，语义的重点在前项。如果互换前项、后项，就会影响语义。

［示例1］文艺团体及其他文化机构应当加强社会科学普及作品的创作、交流和展演。（《安徽省社会科学普及条例》第22条第1款）

［示例2］本市行政区域内取水、供水、用水、排水及非常规水源利用全过程节水及其监督管理活动，适用本条例。（《北京市节水条例》第2条第1款）

［示例3］本条例所称体育设施，是指用于开展体育训练、

---

① 参见刘月华等：《实用现代汉语语法》（增订本），商务印书馆2001年版，第320—321页。
② 参见刘月华等：《实用现代汉语语法》（增订本），商务印书馆2001年版，第319页。

竞赛、教学和社会体育活动的场所及附属设备。(《北京市体育设施管理条例》第2条第2款)

［评注］上述示例，均用"及"连接前项、后项。后项"非常规水源利用""附属设备""其他文化机构"，不是语义的重点，不像前项那样重要。而且，前项与后项不能互换顺序，否则会明显影响语义。

（2）"及"连接的前项、后项，语义同等重要。如果互换前项、后项，不会影响语义。

［示例］开展社会科学普及研究、人才培训及交流合作。(《安徽省社会科学普及条例》第9条第6项)

［评注］上述示例，"社会科学普及研究""人才培训""交流合作"，在语义上，这些前项、后项之间没有主次之分，互换其顺序不影响语句表达；因此，"及"连接的前项、后项之间，是平等、同等重要的语义关系。

2 "以及"的使用规则。

"以及"用于表达并列关系。"以及"通常连接名词短语、动词短语，也可以连接名词和分句。[①] "以及"前后成分有主次之分，前者为主，后者为次，前后位置不能互换。

---

① 参见刘月华等：《实用现代汉语语法》(增订本)，商务印书馆 2001 年版，第 320 页。

（1）如果"以及"之后使用较长短语，"以及"之前应当使用逗号。

［**示例1**］老年人与子女或者其他亲属共同购买、建造的房屋，以及拆迁、改建住房含老年人份额的，老年人依法享有相应的财产所有权。（《四川省老年人权益保障条例》第20条第2款）

［**示例2**］县级以上人民政府自然资源主管部门负责整沟治理促进工作的协调和指导，以及国土空间用途管制和生态保护修复等监督管理工作。（《山西省整沟治理促进条例》第5条第1款）

［**示例3**］权力机构行使修改法人章程，选举或者更换执行机构、监督机构成员，以及法人章程规定的其他职权。（《民法典》第80条第2款）

［**评注**］上述示例，由于"以及"之后连接的短语内容较长，因此，"以及"之前使用逗号，表示停顿。

（2）如果"以及"连接的短语共同充当定语，为使结构紧凑，"以及"之前不使用逗号停顿。

［**示例1**］赡养人是指老年人的子女以及其他依法负有赡养义务的人。（《四川省老年人权益保障条例》第13条第1款）

［**示例2**］仓库条件符合粮食储存有关国家标准和技术规范以及安全生产法律、法规的要求，达到仓储信息化管理的要

求。(《甘肃省粮食储备安全管理办法》第18条第1项)

[示例3] 港口建设使用土地和水域，应当依照有关土地管理、河道管理、航道管理、军事设施保护管理的法律、法规以及其他有关法律、法规的规定办理。(《安徽省港口条例》第12条第2款)

[示例4] 村民负责其住宅庭院、房前屋后以及承包的田地、山林、水塘、滩涂等区域的清洁工作。(《连云港市乡村清洁条例》第13条第1款)

[评注] 上述示例，"以及"连接的短语，共同充当定语，为使结构紧凑，"以及"之前不使用逗号停顿。

需要说明的是，"及"与"以及"的主要区别是，"及"主要连接语词，"以及"主要连接短语、分句和句子；因此，"及"之前不能停顿，"以及"之前可以停顿。"及""以及"都可以用作并列连词，许多情况下可以互换。[①]

[示例1] 民事主体的人身权利、财产权利以及其他合法权益受法律保护，任何组织或者个人不得侵犯。(《民法典》第3条)

[示例2] 对本单位以及所属单位财政财务收支情况进行

_____

① 参见吕国学：《"及、以及、及其、及其他"辨析》，载《语文知识》2005年第9期，第24页。

审计。(《甘肃省内部审计工作规定》第 16 条第 1 款第 3 项)

〔**示例 3**〕消费者以及其他人员应当遵守农贸市场管理规定，服从农贸市场管理人员管理。(《连云港市农贸市场管理条例》第 24 条)

〔**示例 4**〕本省行政区域内土地的保护、开发、利用以及相关管理活动，适用本条例。(《贵州省土地管理条例》第 2 条)

〔**评注**〕上述示例，"以及"都用作并列连词，连接的是名词性短语，可以与"及"互换。

3"及其"的使用规则。

"及其"是两个词的组合。其中，"及"是连词，"其"是代词，二者组成固定结构，意为"和他/她/它（们）的"。"及其"所连接的后一项事物从属于前一项事物，强调的是后一项事物的"从属性"。①

〔**示例 1**〕建立用水户及其用水信息数据库，并与水务等部门数据共享。(《北京市节水条例》第 23 条第 3 项)

〔**示例 2**〕禁止破坏或者损坏供水管网、雨水管网、污水管网、再生水管网及其附属设施。(《北京市节水条例》第 32

---

① 参见吕国学:《"及、以及、及其、及其他"辨析》，载《语文知识》2005 年第 9 期，第 24 页。

条第 2 款）

［**示例3**］本条例适用于本省行政区域内港口规划、建设、维护、经营、管理及其相关活动。（《安徽省港口条例》第2条）

［**示例4**］本条例适用于自治区行政区域内固体废物污染环境的防治及其监督管理活动。（《宁夏回族自治区固体废物污染环境防治条例》第2条第1款）

［**评注**］上述示例，"及其"所连接的后一项事物从属于前一项事物。比如，"用水信息数据库"从属于"用水户"；"附属设施"从属于"及其"之前的各种管网。

4"及其他"的使用规则。

"及其他"也是一种常用格式，与"及其"结构相同，"及"是连词，"其他"是代词。在用法上，"及其他"区别于"及其"。"及其他"主要用于概括或者省略列举的部分事物。①

［**示例1**］采取技术调查措施获取的证据、线索及其他有关材料，只能用于对违法犯罪的调查、起诉和审判，不得用于其他用途。（《监察法实施条例》第157条第2款）

［**示例2**］被指定的下级监察机关未经指定管辖的监察机

关批准，不得将案件再行指定管辖。发现新的职务违法或者职务犯罪线索，以及其他重要情况、重大问题，应当及时向指定管辖的监察机关请示报告。(《监察法实施条例》第 48 条第 4 款)

[评注] 上述二例中，前者"及其他"用于概括或者省略列举的部分材料，后者"以及其他"用于概括或者省略列举的部分重要情况、重大问题。需要说明的是，"及其他"与"以及其他"并无本质区别。如前所述，"及"主要连接语词，"以及"主要连接短语、分句和句子。因此，"及其他"之前不能停顿，不使用逗号；"以及其他"之前可以停顿，使用逗号。

6.2.8 一般不应连续使用联结词

并列语词之间，一般不应当连续使用联结词。

[示例 1] 地方政府规章由省长或者自治区主席或者市长签署命令予以公布。(2000 年《立法法》第 76 条第 2 款)

[示例 2] 地方政府规章由省长、自治区主席、市长或者自治州州长签署命令予以公布。(2015 年《立法法》第 85 条第 2 款)

[评注] 本例涉及三个以上并列语词的表述方法。前例的表述方法是"A 或者 B 或者 C"，并列语词之间连续使用联结词"或者"；后例的表述方法是"A、B、C 或者 D"，只在最后一个语词之前使用联结词，其他语词之间使用标点顿号。由

于顿号具有分隔作用，后例表述更明晰。

6.3 "等"的使用规则

使用"等"能够增进法律的简洁性。但是，法律的简洁性应当以明确性为前提，切不能以牺牲明确性为代价换取简洁性。"等"具有高度概括性，模糊性与概括性是一对孪生兄弟，如果离开具体语境使用"等"，则不可避免地增加法律的模糊性。使用"等"应当根据"等"在自然语言中的一般用法，符合立法起草的明确性要求。

6.3.1 法律对相关事项已经作出明确规定，为了实现立法起草的简洁性，不重复列举该事项的全部外延，只列出相关事项的部分对象和相关事项的名称，在最后一个对象与相关事项之间使用"等"。

［示例1］县（市、区）人民政府应当履行本行政区域学前教育发展的主体责任，统筹负责幼儿园的规划布局、资源配置、教师配备、投入保障等工作。（《山东省学前教育条例》第6条第2款）

［示例2］行政机关在行政执法和查办案件过程中收集的物证、书证、视听资料、电子数据等证据材料，在刑事诉讼中可以作为证据使用。（《刑事诉讼法》第54条第2款）

［评注］对于第2例，有专家认为，该条款虽然使用

"等"，但是所指证据仅限于明文列举的 4 种实物证据。还有专家认为，该条款表述所用"等"，并没有排除言词证据，言词证据属于"等内"，而不是"等外"，其根据是原《人民检察院刑事诉讼规则（试行）》第 64 条第 3 款已作明文规定[①]，言词证据也是重要证据来源[②]。司法实践中，言词证据是重要的证据材料。因此，言词证据应当属于"等内"。

6.3.2 如果立法用语的外延不能逐一列举，为了增强法律的稳定性和适应性，仅列举该立法用语的部分外延，其他外延使用"等"。

［**示例 1**］投放毒害性、放射性、传染病病原体等物质或者以其他危险方法危害公共安全。（《刑法》第 114 条）

［**示例 2**］监护人的职责是代理被监护人实施民事法律行为，保护被监护人的人身权利、财产权利以及其他合法权益等。（《民法典》第 34 条第 1 款）

［**示例 3**］船舶、航空器和机动车等的物权的设立、变更、

---

① 该条款规定："人民检察院办理直接受理立案侦查的案件，对于有关机关在行政执法和查办案件过程中收集的涉案人员供述或者相关人员的证言、陈述，应当重新收集；确有证据证实涉案人员或者相关人员因路途遥远、死亡、失踪或者丧失作证能力，无法重新收集，但供述、证言或者陈述的来源、收集程序合法，并有其他证据相印证，经人民检察院审查符合法定要求的，可以作为证据使用。"
② 参见张军、姜伟、田文昌：《新控辩审三人谈》，北京大学出版社 2014 年版，第 121—122 页。

转让和消灭，未经登记，不得对抗善意第三人。(《民法典》第225条）

[**评注**] 对于立法起草，准确性是有价值的目标，但也可能走得太远。通常没有必要明确法律禁止或者要求的每一事项。如果过分热心地追求准确性，可能导致冗余和赘述。过分准确地起草可能产生意想不到的漏洞。[①] 使用"等"对立法当时未能考虑到的情况作出兜底性规定，能够增强法律的适应性。

6.3.3 如果立法用语本身具有模糊性，不使用"等"。

如果立法用语具有模糊性，仍使用"等"，会进一步增加条文的模糊性。以《刑法》第56条第1款[②]为例。"严重破坏社会秩序"本身属于模糊用语。

为了避免这类"等"的不当使用，采用下列表述方式：

1 在"等"前使用数量词，以明确全部列举的对象。

例如，对于 A_1、A_2、A_3、…、A_{n-1}、A_n 等 n 类犯罪分子，可以附加剥夺政治权利。(n 是自然数，且 $n \geqslant 3$)

---

① ［希腊］［英］海伦·赞塔基：《立法起草：规制规则的艺术与技术》，姜孝贤译，法律出版社 2022 年版，第 101 页。
② 《刑法》第 56 条第 1 款规定："对于危害国家安全的犯罪分子应当附加剥夺政治权利；对于故意杀人、强奸、放火、爆炸、投毒、抢劫等严重破坏社会秩序的犯罪分子，可以附加剥夺政治权利。"

2 不使用"等"，采用分项方法。

例如，对于下列犯罪分子，可以附加剥夺政治权利。

（一）A_1；

（二）A_2；

（三）A_3；

……；

（n-1）$_{An-1}$；

（n）A_n。（n 属于自然数，且 n ≥ 3）

［**示例**］被宣告缓刑的犯罪分子，应当遵守下列规定：

（一）遵守法律、行政法规，服从监督；

（二）按照考察机关的规定报告自己的活动情况；

（三）遵守考察机关关于会客的规定；

（四）离开所居住的市、县或者迁居，应当报经考察机关批准。（《刑法》第 75 条）

6.4 其他常用词使用规则

6.4.1 "对"与"对于"

1 表达"对待"或者"朝""向"，使用"对"，不使用"对于"。

［**示例 1**］所有权人对自己的不动产或者动产，依法享有占有、使用、收益和处分的权利。（《民法典》第 240 条）

［**示例2**］国家机关对其直接支配的不动产和动产，享有占有、使用以及依照法律和国务院的有关规定处分的权利。（《民法典》第255条）

［**示例3**］单位犯本节第三百六十三条、第三百六十四条、第三百六十五条规定之罪的，对单位判处罚金。（《刑法》第366条）

［**评注**］"对"含有的动词性较强，"对"含有"对待""向"等意思，"对"不能换成"对于"。"对"用在副词之后，"对"不能换成"对于"。

2 "对"引入与动作相关事物情况，或者"对"的宾语也是动词的受动对象，"对"与"对于"用法相同。为了避免混淆，能够同时使用"对于"和"对"的，统一使用"对于"。

［**示例1**］对于累犯和犯罪集团的首要分子，不适用缓刑。（《刑法》第74条）

［**示例2**］依照法律、行政法规的规定，对于租赁物的经营使用应当取得行政许可的，出租人未取得行政许可不影响融资租赁合同的效力。（《民法典》第738条）

［**示例3**］有负担能力的祖父母、外祖父母，对于父母已经死亡或者父母无力抚养的未成年孙子女、外孙子女，有抚养的义务。（《民法典》第1074条第1款）

［**评注**］"对于"表示指出动作行为所涉及的对象，指的是

相对某人、某事、某物的关系，应当与"对"相区分。

［**示例1**］对于犯罪分子的假释，依照本法第七十九条规定的程序进行。(《刑法》第82条)

［**示例2**］对犯罪分子的假释，依照本法第七十九条规定的程序进行。

［**评注**］上述示例，立法起草人意图表达"对待"的意思，同时兼有"朝""向"之意。"对于"不具有此语法意义，应当使用具有此语法意义的"对"。亦即，宜采用第2例的表述方式。

6.4.2 "的"

在立法起草中，"的"字结构能够用于指称人物、事物、事态、情形等。[①]

［**示例1**］公司发行公司债券，必须在债券上载明公司名称、债券票面金额、利率、偿还期限等事项，并由董事长签名，公司盖章。(2004年《公司法》第167条)

［**示例2**］公司以实物券方式发行公司债券的，必须在债券上载明公司名称、债券票面金额、利率、偿还期限等事项，并由法定代表人签名，公司盖章。(2005年《公司法》第

---

① 参见张越：《立法技术原理》，中国法制出版社2020年版，第386页。

156 条）

[评注] 2005 年《公司法》修订，对原条款增加"的"，构成"的"字结构。

1 为了表述简洁，使用"的"字结构作主语。

[示例1] 教唆他人犯罪的，应当按照他在共同犯罪中所起的作用处罚。(《刑法》第 29 条第 1 款)

[示例2] 处理民事纠纷，应当依照法律；法律没有规定的，可以适用习惯，但是不得违背公序良俗。(《民法典》第 10 条)

[示例3] 新建工业企业应当按照规定入驻工业园区；未入驻工业园区的，应当配套防治污染设施，并保障其正常运行。(《广东省环境保护条例》第 31 条第 2 款)

[评注] 在功能上，"的"字结构相当于名词，常用作主语或者宾语。法律中"的"字结构十分普遍。例如，《刑法》第 28 条"对于被胁迫参加犯罪的"。

2 在"有下列情形之一的，……"和"有下列行为之一的，……"两种表述模式中，"的"字不能省略。所列各项末尾是否使用"的"，应当根据下列情况确定：

（1）所列项是名词或者名词短语，不使用"的"。

[示例1] 现役军官从下列人员中选拔、招收：

（一）军队院校毕业学员；

（二）普通高等学校应届毕业生；

（三）表现优秀的现役士兵；

（四）军队需要的专业技术人员和其他人员。（《兵役法》第 33 条第 1 款）

［**示例 2**］民事主体依法享有知识产权。

知识产权是权利人依法就下列客体享有的专有的权利：

（一）作品；

（二）发明、实用新型、外观设计；

（三）商标；

（四）地理标志；

（五）商业秘密；

（六）集成电路布图设计；

（七）植物新品种；

（八）法律规定的其他客体。（《民法典》第 123 条）

［**评注**］上述示例，所列项均是名词或者名词短语，不使用"的"。

（**2**）所列项是主谓结构或者完整语句，不使用"的"。

［**示例**］经营者集中是指下列情形：

（一）经营者合并；

（二）经营者通过取得股权或者资产的方式取得对其他经营者的控制权；

（三）经营者通过合同等方式取得对其他经营者的控制权或者能够对其他经营者施加决定性影响。（《反垄断法》第25条）

［评注］第1项是主谓结构，按照语法规则不使用"的"；第2项和第3项语句成分完整，不需要使用"的"。

（3）所列项是动宾结构，可以使用"的"，也可以不使用"的"。

［示例］承担民事责任的方式主要有：

（一）停止侵害；

（二）排除妨碍；

（三）消除危险；

（四）返还财产；

（五）恢复原状；

（六）修理、重作、更换；

（七）继续履行；

（八）赔偿损失；

（九）支付违约金；

（十）消除影响、恢复名誉；

（十一）赔礼道歉。（《民法典》第179条第1款）

［评注］动宾结构用于项的列举，句尾是否使用"的"，需要根据条文的表述进行选择。条文中如有"下列""有"等语

词，根据语句成分，可以不使用"的"；仅使用引号，引出各项内容，需要使用"的"。

3 为了用语简洁、工整，具有形式美感，省略不必要的"的"。

［**示例1**］现役军人，革命残废军人，退出现役的军人，革命烈士家属，牺牲、病故军人家属，现役军人家属，应当受到社会的尊重，受到国家和人民群众的优待。（2009年《兵役法》第51条）

［**示例2**］现役军人，残疾军人，退出现役军人，烈士、因公牺牲、病故军人遗属，现役军人家属，应当受到社会的尊重，受到国家和社会的优待。军官、士官的家属随军、就业、工作调动以及子女教育，享受国家和社会的优待。（2011年《兵役法》第56条）

［**评注**］即使不使用"的"，"退出现役军人"依然表意明确。而且，与前面用语对称，简洁、工整，具有形式美。2011年，立法机关修改《兵役法》，删除"退出现役的军人"中"的"字。

第七章

标点符号、单位符号与数字运用

标点符号具有辅助表意功能，是法律的有机组成部分，其类型、位置、使用与否，在不同程度上决定立法原意的清晰表达，制约法律条文表述的准确性、规范性以及法律的理解和适用。[①] 在法律适用中，标点符号是文义解释的对象，直接影响法律文本的字面含义。

语言学家曾指出："每一个标点符号有一个独特的作用，说它们是另一形式的虚字，也不为过分。……用与不用，用在哪里，都值得斟酌一番。"[②] "标点之于言文有同等的重要，甚至有时还在其上。言文而无标点，在现今是等于人而无眉目。"[③] 标点符号的重要作用表现在，准确表达意思，增加语句意义的明确性，消除歧义。值得注意的是，立法起草人尤其应当正确使用具有逻辑联结意义的标点符号，否则可能会违背立法意图。[④]

对于不加标点的同一陈述，增添标点能使相同语词产生不同含义。举以西方立法学家的经典示例：

［**示例**］Woman without her man is nothing.

---

① 参见姚树举：《重视立法表达　提高立法质量》，载《学习时报》2020 年 10 月 28 日，第 2 版。

② 吕叔湘、朱德熙：《语法修辞讲话》，商务印书馆 2013 年版，第 282 页。

③ 郭沫若：《沫若文集》(沸羹集·正标点)(第十三本)，人民文学出版社 1961 年版，第 109 页。

④ 参见姚树举、方麟：《立法起草的逻辑规则：以中国刑法为例》，载《人大研究》2023 年第 8 期，第 28 页。

如果在语词的不同位置增添不同标点，那么含义完全不同。

[示例] Woman, without her man, is nothing.

女人，没有她的男人，什么都不是。

Woman: without her, man is nothing.

女人：没有她，男人什么都不是。[①]

7.1 标点符号

错误使用标点符号会影响文本意思。[②]立法起草人应当根据法律内部的逻辑关系，准确规范使用标点符号，运用标点符号阐明法律条文内部结构，使法律语句结构清晰、语义明确，精准表达立法原意，力求避免歧义[③]。

正确使用标点符号，有助于清晰地表达法律的语句层次和语义。同时，标点符号还具有审美功能，可以对法律进行美化性表达，使法律表现形式美观，并提高表达效果。[④]

[①] Ian McLeod, *Principles of Legislative and Regulatory Drafting*, Oxford And Portland: Oregon, 2009, pp.85-86.

[②] Ian McLeod, *Principles of Legislative and Regulatory Drafting*, Oxford And Portland: Oregon, 2009, p.85.

[③] Peter Butt & Richard Castle, *Modern Legal Drafting: A Guide to Using Clearer Language*, Cambridge University Press, 2006, p.18.

[④] 参见兰宾汉：《标点符号用法手册》，商务印书馆国际有限公司 2015 年版，第 19 页。

［**示例1**］依法治国，首先是依宪治国；依法执政，关键是依宪执政。（习近平《在首都各界纪念现行宪法公布施行三十周年大会上的讲话》）

［**示例2**］惨象，已使我目不忍视了；流言，尤使我耳不忍闻。（鲁迅《纪念刘和珍君》）

［**示例3**］法律明文规定为犯罪行为的，依照法律定罪处刑；法律没有明文规定为犯罪行为的，不得定罪处刑。（《刑法》第3条）

［**评注**］第3例与第1例、第2例具有相同的句法结构，通过使用逗号、分号，使语句层次分明、语义清晰，表现形式美观，并增强表达效果。

7.1.1　顿号、逗号、分号、句号

法律条文表述根据停顿长短需要，依次使用顿号（、）、逗号（，）、分号（；）、句号（。）。法律条文不使用问号（？）、省略号（……）、感叹号（！）。正确使用标点符号，能使法律条文清晰，有效地避免语言歧义。

1 顿号的使用规则。

顿号是语段中并列语词之间或者序数词之后使用的表示停顿的句内点号，其形式是"、"。顿号的基本用法是：（1）在并列语词之间使用。（2）需要停顿的重复性语词之间使用。（3）在某些序次语（不含括号的汉字序数词或者"天干地支"

类序次语）之后使用。（4）在相邻或者相近的连用数字表示概数时不使用顿号。（5）标有引号的并列成分之间以及标有书名号的并列成分之间通常不使用顿号；否则，既降低符号的表达效率，也影响形式美感。[①]法律几乎不涉及顿号的后四项用法。

［示例1］考生应当携带准考证、身份证入场。

［示例2］考生应当携带准考证和身份证入场。

［评注］在立法起草中，顿号易于误用。原因在于，顿号联结的前后词项之间的逻辑关系，既可以是并列关系（和），也可以是选择关系（或者）。第1例中，"准考证"和"身份证"之间的顿号，未能清晰表达是"和"的意思还是"或者"的意思。如果意图表达考生入场须同时携带准考证、身份证，应当按照第2例的表达方法，即考生应当携带"准考证和身份证"。

（1）通过定义条款明确"顿号"的逻辑含义。

顿号既能表示"和"，又能表示"或者"，为了避免因混用顿号而造成法律理解与适用问题，立法起草人应当仅在"或者"的意义上使用顿号，并通过定义条款明确"顿号"的逻辑含义。

［示例1］第××条本法所用顿号"、"，表示"或者"。

---

① 参见教育部语言文字信息管理司组编：《〈标点符号用法〉解读》，语文出版社2012年版，第61页。

［**示例2**］拐卖妇女、儿童的，处五年以上十年以下有期徒刑，并处罚金。(《刑法》第240条)

［**示例3**］故意杀人的，处死刑、无期徒刑或者十年以上有期徒刑。(《刑法》第232条)

［**评注**］对顿号的逻辑含义及用法，以定义条款的形式作出界定。为了确保语义明确，统一约定：法律所用顿号"、"，表示"或者"。其中，"或者"既可以表达相容选择关系，也可以表达不相容选择关系。立法起草人应当根据语义进行判断。第2例的顿号，表示的"或者"是相容选择关系，包括同时拐卖妇女和儿童。第3例的顿号，表示的"或者"是不相容选择关系；死刑、无期徒刑与十年以上有期徒刑这三类刑种，对被告人只能择一判处。

（2）立法起草不使用"和"这种意义上的顿号，应当以"和""且"等逻辑联结词代替。

顿号既可以用作联结并列关系的事项，又可以用作联结选择关系的事项。因此，在肯定性表述中，为了避免歧义，立法起草不使用并列关系意义上的顿号，应当以"和""且"等逻辑联结词代替。

［**示例1**］遵守法律、行政法规，服从监督。(《刑法》第75条第1项)

［**示例2**］遵守法律和行政法规，服从监督。

　　［**评注**］本例是被宣告缓刑的犯罪分子应当遵守的规定之一，不能将顿号理解为"遵守法律或者行政法规"。"遵守法律"与"遵守行政法规"之间是并列关系，为了避免顿号存在的潜在歧义，宜将顿号修改为"和"。

　　2 逗号的使用规则。

　　逗号是表示语句或者语段内部一般性停顿的句内点号。逗号的形式是"，"，其基本用法是：（1）复句内各分句之间一般用逗号，特殊情形使用分号。（2）用在相应语法位置：一是较长主语之后使用逗号；二是句首状语之后使用逗号；三是较长宾语之前使用逗号；四是用在较长的主语之间、较长的谓语之间或者较长的宾语之间。（3）逗号的其他用法（诸如称谓语之后使用逗号）在法律中通常不会出现。[①]

　　在英美法案中，"逗号可能引发最危险的歧义性"[②]。标点符号是法案文本的组成部分，因此，"就制定法解释而言，它们与文字同等重要"。[③]英国刑事审判史上的"凯斯门特案"，充分表明法案正确使用标点符号的重要性。凯斯门特正是因为一

[①] 　参见中国标准出版社编：《标点符号、数字、拼音用法标准》，中国标准出版社 2014年版，第5—6页。
[②] 　［希腊］［英］海伦·赞塔基：《立法起草：规制规则的艺术与技术》，姜孝贤译，法律出版社 2022年版，第110页。
[③] 　［希腊］［英］海伦·赞塔基：《立法起草：规制规则的艺术与技术》，姜孝贤译，法律出版社 2022年版，第110页。

个逗号而被法庭认定为叛国罪，并被判处绞刑。由此可见，逗号在立法起草中的功能应当受到立法起草人的格外重视。

［案例］被"逗号"绞死的罗杰·凯斯门特案

英国公爵罗杰·凯斯门特在第一次世界大战期间与德国人结盟，其最终目的是为反抗英国的爱尔兰革命服务，而彼时英国正与德国交战。根据英国《1351 年叛国法案》，实施下列行为，将被判处叛国罪：If a man do levy war against our Lord the King in his realm, or be adherent to the King's enemies in his realm, giving to them aid and comfort in the realm, or elsewhere.

［评注］逗号后面的"or elsewhere"翻译为"或者其他地方"，当时的法庭辩论涉及一个逗号的理解问题："or elsewhere"前面的逗号，使其在本句中是后置修饰语，那么，"or elsewhere"应当修饰前述内容的哪种情形？《1351 年叛国法案》是用法文起草的，由于官方的英文译本在理解上存在较大歧义，因此，该案件审理中产生三种理解：

第一种理解是，"or elsewhere"修饰"do levy war against our Lord the King in his realm"，即在国王的领土内或者其他地方向国王发动战争。第二种理解是，"or elsewhere"修饰"be adherent to the King's enemies in his realm, giving to them aid and comfort in the realm"，即在国王的领土内或者其他地方，依附于其敌人并为敌人提供帮助或者支持。第三种理解是，"or elsewhere" 修饰 "giving to them aid and comfort in the realm"，即在国王的领土内或者其他地方为敌人提供帮助或者支持。

王室主张，"or elsewhere" 前面的逗号，表示修饰前面所有情形，即支持前两种理解；罗杰·凯斯门特辩称，"or elsewhere" 前面的逗号，只是修饰 "giving to them aid and comfort in the realm"，即应当适用第三种理解。但是，法官更认同王室的主张；于是，罗杰·凯斯门特被判有罪并处绞刑。因此，在该案件中，可以说 "罗杰·凯斯门特被一个逗号给绞死"。由此，约翰逊法官写道，"人的生命可能取决于一个逗号"。①

（1）复句内各分句之间通常用逗号，是逗号使用的一般规则。

［示例1］正当防卫明显超过必要限度造成重大损害的，应当负刑事责任。（《刑法》第20条第2款）

［示例2］建设城乡供水工程应当同步建设消火栓等公共消防供水设施，并由供水企业按照规定负责维护。（《合肥市消防条例》第24条）

---

① 美利坚合众国诉帕尔默案，《美国联邦最高法院案例汇编》（第十六卷），第610页、第636页。（1818年）（异议意见）参见 "生命悬于一个逗号的案例"：雷克斯诉凯斯门特案［1917］1KB98（1916）。参见［美］布莱恩·A·加纳：《加纳谈法律文书写作》，刘鹏飞、张玉荣译，知识产权出版社2005年版，第17页。

［**示例 3**］饲养犬只等动物应当遵守有关规定，不得干扰他人正常生活，不得影响市容环境卫生。（《株洲市城市综合管理条例》第 39 条第 1 款）

［**评注**］复句的分句之后，多由逗号表示停顿。如果分句结构比较复杂，其内部的停顿也常用逗号表示。[①]上述示例，复句的各分句之间使用逗号。

（**2**）较长主语之后使用逗号。

［**示例 1**］司法工作人员、辩护人、诉讼代理人或者其他诉讼参与人，泄露依法不公开审理的案件中不应当公开的信息。（《刑法》第 308 条之一第 1 款）

［**示例 2**］在自治区行政区域内从事邮政业规划、建设、服务、经营和监督管理等活动，应当遵守本条例。（《内蒙古自治区邮政条例》第 2 条）

［**示例 3**］发展和改革、财政、自然资源和规划、生态环境、住房和城乡建设、城市管理、交通运输、水务等部门，按照各自职责做好城市绿化相关工作。（《扬州市河道管理条例》第 6 条第 2 款）

［**评注**］逗号表示主语与谓语之间的停顿。上述示例，主

---

① 兰宾汉：《标点符号用法手册》，商务印书馆国际有限公司 2015 年版，第 61 页。

谓之间用逗号表示停顿，突出主语内容；由于主语的结构复杂，在主语之后加以停顿，使语句结构更加明晰。①

（3）句首状语之后使用逗号。

［**示例**］判决宣告以后，刑罚执行完毕以前，发现被判刑的犯罪分子在判决宣告以前还有其他罪没有判决的，应当对新发现的罪作出判决。（《刑法》第 70 条）

［**评注**］句首状语之后使用逗号。上述示例，"判决宣告以后""刑罚执行完毕以前"，都是句首状语，使用逗号表示句首状语之后的停顿。

（4）立法起草应当避免混淆使用逗号与顿号。

［**示例1**］公司的公积金用于弥补公司的亏损，扩大公司生产经营或者转为增加公司资本。（2004 年《公司法》第 179条第 1 款）

［**示例2**］公司的公积金用于弥补公司的亏损、扩大公司生产经营或者转为增加公司资本。但是，资本公积金不得用于弥补公司的亏损。（2005 年《公司法》第 169 条第 1 款）

［**评注**］表示并列语词之间的停顿，使用顿号。② 虽然逗号

---

① 参见兰宾汉：《标点符号用法手册》，商务印书馆国际有限公司 2015 年版，第 63 页。
② 参见兰宾汉：《标点符号用法手册》，商务印书馆国际有限公司 2015 年版，第 75 页。

也能用于并列关系，但是与顿号有一定区别。一般地，逗号表示的停顿，长于顿号。如果语句结构紧凑，宜用顿号；如果语句的语气舒缓，宜用逗号。[①] 以上示例，"弥补公司的亏损"等三项内容，是语句内部的并列关系，结构紧凑，宜使用顿号；因此，将"弥补公司的亏损"之后的逗号改为顿号，是准确、规范的。

3 分号的使用规则。

分号是句内点号的一种，表示复句内部并列关系分句之间的停顿，以及非并列关系的多重复句中第一层分句之间的停顿。[②] 在顿号、逗号、分号等句内点号中，分号停顿最长、层次最高，用来表示复句中第一层分句之间的停顿。[③] 分号的形式是"；"，其基本用法如下：（1）表示复句内部并列关系的分句（特别是当分号内部包括逗号）之间的停顿。（2）表示非并列关系的多重复句中第一层分句之间的停顿。第一层分句之间主要是选择关系、转折关系、因果关系。（3）分号用在分项

[①] 参见兰宾汉：《标点符号用法手册》，商务印书馆国际有限公司 2015 年版，第 81 页。
[②] 参见中国标准出版社编：《标点符号、数字、拼音用法标准》，中国标准出版社 2014 年版，第 7 页。
[③] 参见中国标准出版社编：《标点符号、数字、拼音用法标准》，中国标准出版社 2014 年版，第 21 页。

列举的各项之间。法律条文各项之间使用分号。①

（1）表示复句内部并列关系的分句之间的停顿，使用分号。

［**示例1**］对于中止犯，没有造成损害的，应当免除处罚；造成损害的，应当减轻处罚。（《刑法》第24条第2款）

［**示例2**］个体工商户的债务，个人经营的，以个人财产承担；家庭经营的，以家庭财产承担；无法区分的，以家庭财产承担。（《民法典》第56条第1款）

［**示例3**］配备使用士官应当严格执行士官编制标准和编制员额的规定。未编制士官的单位和岗位，不得配备使用士官；士官人数满编的单位，不得选取义务兵进入士官队伍。（《中国人民解放军士官管理规定》第6条）

［**评注**］表示复句内部并列关系的分句之间的停顿，特别是当分号内部包括逗号时，使用分号。上述示例，分句内部都使用逗号，并列的分句之间使用分号，使得语言层次分明。如果同一层次的多个分句内部没有使用逗号，则分句之间的并列关系应当使用逗号。②

---

① 参见中国标准出版社编：《标点符号、数字、拼音用法标准》，中国标准出版社2014年版，第7—8页。
② 参见兰宾汉：《标点符号用法手册》，商务印书馆国际有限公司2015年版，第92页。

[**示例 1**] 各级政府财政部门负责监督检查本级各部门及其所属各单位预算的执行；并向本级政府和上一级政府财政部门报告预算执行情况。（1994 年《预算法》第 71 条）

[**示例 2**] 各级政府财政部门负责监督检查本级各部门及其所属各单位预算的编制、执行，并向本级政府和上一级政府财政部门报告预算执行情况。（2014 年《预算法》第 88 条）

[**评注**] 根据标点符号的使用规则和用法，在单重复句中，如果分句内部使用逗号，则分句之间使用分号；如果同一层次的分句内部没有使用逗号，则分句之间的并列关系，应当使用逗号。[①] 前例在同一层次的分句内部未使用逗号，两个分句之间直接使用分号，是不妥当的。因此，2014 年修正该法时，将分号修正为逗号，符合标点符号使用规则。[②]

值得注意的是，在立法起草中，分号与句号易于混淆，应当准确把握二者之间的区别。如下示例，立法机关将句号改为分号。

[**示例 1**] 同次发行的股票，每股的发行条件和价格应当相同。任何单位或者个人所认购的股份，每股应当支付相同价

[①] 参见兰宾汉:《标点符号用法手册》，商务印书馆国际有限公司 2015 年版，第 92 页。

[②] 参见张越:《立法技术原理》，中国法制出版社 2020 年版，第 408 页。

额。（2004年《公司法》第130条第2款）

［**示例2**］同次发行的同种类股票，每股的发行条件和价格应当相同；任何单位或者个人所认购的股份，每股应当支付相同价额。（2005年《公司法》第127条第1款）

［**评注**］分号主要用于表示复句内部并列分句之间的停顿。[①] 并列分句之间，如果使用句号，就会隔断前后分句之间的密切联系。[②] 本例中，前后分句涉及每股股票的价格、价额，具有密切联系。2005年《公司法》将该条款的句号修改为分号，是适当的。

（2）表示非并列关系的多重复句中，第一层分句之间的停顿，使用分号。第一层分句之间的非并列关系，主要是选择关系、转折关系、因果关系。

［**示例1**］女方在怀孕期间、分娩后一年内或者终止妊娠后六个月内，男方不得提出离婚；但是，女方提出离婚或者人民法院认为确有必要受理男方离婚请求的除外。（《妇女权益保障法》第64条）

［**示例2**］房地产开发项目转让和商品房销售价格，由当事人协商议定；但是，享受国家优惠政策的居民住宅价格，应

[①] 参见杨权编著：《出版物标点符号用法规范》，重庆出版社2007年版，第72页。
[②] 参见苏培成：《标点符号实用手册》（修订本），语文出版社1999年版，第95页。

当实行政府指导价或者政府定价。(《城市房地产开发经营管理条例》第 29 条)

[评注] 分号一般用于复句内部并列分句之间的停顿以及非并列的多重复句,如转折关系、因果关系等。上述示例,第一层分句之间表示转折关系,所以使用分号。

(3)法律条文各项之间,使用分号。

[示例] 有下列情形之一的,处三年以下有期徒刑、拘役或者管制,并处或者单处罚金:

(一)致使违法信息大量传播的;

(二)致使用户信息泄露,造成严重后果的;

(三)致使刑事案件证据灭失,情节严重的;

(四)有其他严重情节的。(《刑法》第 286 条之一第 1 款)

[评注] 被冒号、破折号、括号、引号分隔出来的并列分句,具有相对独立性,并列分句之间使用分号。上述示例,法律条文的各项,一般由括号分割,具有相对独立性;因此,各项之间使用分号。在法律中,分行列举的各项之间也使用分号。

4 句号的使用规则。

句号属于句末点号,主要表示句子的陈述语气。在立法起草中,句号的主要用法包括:一是用在单句末尾;二是用在复句末尾。[①] 单句，是由短语或者单个语词构成的句子，能够独自表达一定意思的语言单位。复句由两个或者两个以上单句构成，单句之间意义密切联系，但是其结构互不包含。[②]

（1）用在条文单句末尾。

［示例］全国人民代表大会通过的法律由国家主席签署主席令予以公布。（《立法法》第 28 条）

［评注］该例是单句中的主谓句，句号表示句末停顿和陈述语气。

（2）用在条文复句末尾。

［示例 1］法律明文规定为犯罪行为的，依照法律定罪处刑；法律没有明文规定为犯罪行为的，不得定罪处刑。（《刑法》第 3 条）

［示例 2］犯罪的行为或者结果有一项发生在中华人民共和国领域内的，就认为是在中华人民共和国领域内犯罪。（《刑法》第 6 条第 3 款）

［评注］上述示例，条文表述均为复句。其中，第 1 例是并列复句，第 2 例是条件复句，句号表示句末停顿。

---

① 参见兰宾汉：《标点符号用法手册》，商务印书馆国际有限公司 2015 年版，第 26—27 页。
② 参见兰宾汉、王欣彦：《语法知识和运用》，商务印书馆国际有限公司 2020 年版，第 179 页。

7.1.2 书名号使用规则

书名号是标示文件、作品、报刊等名称的标点符号。书名号分为双书名号"《 》"和单书名号"〈 〉"。在立法起草中，涉及法律文件名称的，应当使用书名号。如果书名号中还需要使用书名号，里面一层用单书名号，外面一层用双书名号。

1 表述法律名称，使用双书名号。

［**示例1**］由公安机关依照《中华人民共和国治安管理处罚法》的规定处罚。(《刑法》第38条第4款)

［**示例2**］因污染环境和破坏生态造成损害的，应当依照《中华人民共和国侵权责任法》的有关规定承担侵权责任。(《环境保护法》第64条)

［**示例3**］珍贵、濒危的水生野生动物以外的其他水生野生动物的保护，适用《中华人民共和国渔业法》等有关法律的规定。(《野生动物保护法》第2条第4款)

［**示例4**］公安机关接到电信网络诈骗活动的报案或者发现电信网络诈骗活动，应当依照《中华人民共和国刑事诉讼法》的规定立案。(《反电信网络诈骗法》第27条第2款)

［**评注**］立法起草人表述法律条文，如果援引其他具体法律，所引法律的名称使用全称，并加双书名号。上述示例，所援引法律名称均为全称，且使用双书名号。

2 法条表述援引相关法律名称，被援引法律名称又包含法律名称的，被援引法律名称使用双书名号，所包含的法律名称使用单书名号。

[**示例1**]《最高人民法院关于适用〈中华人民共和国民法典〉有关担保制度的解释》

[**示例2**]《全国人民代表大会常务委员会关于批准〈中华人民共和国消防条例〉的决议》

[**示例3**]《全国人民代表大会关于修改〈中华人民共和国立法法〉的决定》

3 法条表述援引相关法律名称包含序数的，被援引法律名称使用双书名号，序数使用括号。

[**示例1**]《中华人民共和国刑法修正案（九）》

[**示例2**]《最高人民法院关于适用〈中华人民共和国保险法〉若干问题的解释（三）》

[**示例3**]《最高人民法院、最高人民检察院关于执行〈中华人民共和国刑法〉确定罪名的补充规定（六）》

7.1.3 引号的使用规则

1 标示法律意图强调的或者具有特殊含义的用语。[①]

[**示例1**] 香港特别行政区的区徽，中间是五星花蕊的紫

---

① 参见兰宾汉：《标点符号用法手册》，商务印书馆国际有限公司 2015 年版，第 111 页。

荆花，周围写有"中华人民共和国香港特别行政区"和英文"香港"。(《香港特别行政区基本法》第 10 条第 3 款)

［**示例 2**］"新界"原居民的合法传统权益受香港特别行政区的保护。(《香港特别行政区基本法》第 40 条)

［**示例 3**］香港特别行政区可以"中国香港"的名义参加不以国家为单位参加的国际组织和国际会议。(《香港特别行政区基本法》第 152 条第 2 款)

2 法律中需要解释、说明的用语，一般不使用引号。

根据标点用法的一般规则，引号用于标示需要解释、说明的用语。[①]但是，在法律中，结合立法起草习惯和立法例，一般不使用引号，这也是追求形式美感的需要。

［**示例 1**］本法所称司法工作人员，是指有侦查、检察、审判、监管职责的工作人员。(《刑法》第 94 条)

［**示例 2**］本法所称以上、以下、以内，包括本数。(《刑法》第 99 条)

［**示例 3**］民法所称的"以上"、"以下"、"以内"、"届满"，包括本数；所称的"不满"、"超过"、"以外"，不包括本数。(《民法典》第 1259 条)

---

① 参见兰宾汉:《标点符号用法手册》，商务印书馆国际有限公司 2015 年版，第 110 页。

［**示例4**］本条例所称城镇地区，是指《北京城市总体规划》确定的中心城、新城、建制镇。(《北京市市容环境卫生条例》第2条第2款)

［**示例5**］本条例所称台湾同胞投资，是指台湾地区的企业、其他经济组织或者个人作为投资者在本省的投资。(《山东省台湾同胞投资保护条例》第3条第1款)

［**评注**］通过比对上述示例，同是解释、说明相关法律用语，但在引号使用方面却是不同的，有的法律使用引号，有的法律未使用引号。考察立法例，解释、说明相关立法用语，通常未使用引号。为了统一引号使用规则，对于被解释、说明的相关立法用语，一般不宜使用引号。

3 如果相近的两个以上立法用语均使用引号，引号之间不使用顿号。

［**示例1**］民法所称的"以上"、"以下"、"以内"、"届满"，包括本数；所称的"不满"、"超过"、"以外"，不包括本数。(《民法典》第1259条)

［**示例2**］本法中"二日""三日""五日""七日"的规定是指工作日，不含法定节假日。(《行政处罚法》第85条)

［**示例3**］军事规章的名称通常称"规定""办法""细则"；除规范作战行动的军事规章可以称"条令"外，军事规章不得称"条令""条例"。(《军事立法工作条例》第71条第2款)

［**示例4**］以"信用信息服务""信用服务""信用评分""信用评级""信用修复"等名义对外实质提供征信服务的，适用本办法。(《征信业务管理办法》第50条)

［**评注**］根据标点符号使用规则，如果相近的两个以上用语均使用引号，引号之间不使用顿号。上述示例，并列用语均使用引号，但是，有的引号之间使用顿号，有的未使用，并不统一。语言学家吕叔湘、朱德熙在《语法修辞讲话》中指出，如果并列的语词都使用引号，按道理应当在中间加上顿号；但是，形式不美观，而引号也具有分隔作用。因此，省略顿号成为一般的习惯。① 而且，根据国家标准《标点符号用法》，标有引号的并列成分之间，通常不用顿号。② 因此，为了形式统一、美观，法律条文中并列的引号之间，不使用顿号。

7.1.4 不得省略必要的标点

立法起草应当使用标点的，不得省略。

［**示例1**］人民法院、人民检察院或者公安机关对于被采取强制措施超过法定期限的犯罪嫌疑人、被告人应当予以释放、解除取保候审、监视居住或者依法变更强制措施。(1996

---

① 参见苏培成：《标点符号实用手册》(修订本)，语文出版社1999年版，第74页。
② 根据国家标准《标点符号用法》(GB/T 15834—2011)4.5.3.5规定："标有引号的并列成分之间、标有书名号的并列成分之间通常不用顿号。"

年《刑事诉讼法》第 75 条）

［示例 2］人民法院、人民检察院或者公安机关对被采取强制措施法定期限届满的犯罪嫌疑人、被告人，应当予以释放、解除取保候审、监视居住或者依法变更强制措施。（2012年《刑事诉讼法》第 97 条）

［示例 3］调解不成或者调解书送达前一方当事人反悔的，仲裁庭应当及时作出裁决。（《劳动争议调解仲裁法（草案)》）

［示例 4］调解不成或者调解书送达前，一方当事人反悔的，仲裁庭应当及时作出裁决。（《劳动争议调解仲裁法》第42 条）

［评注］在主谓语句中，如果主语或者谓语较长，使用逗号表示主语与谓语之间的停顿。[①] 第 1 例，谓语部分较长，因此，谓语部分之前应当使用逗号。"应当"之前使用逗号表示停顿，使结构层次清晰；相反，"应当"之前未使用逗号，会造成语句结构不够明晰。第 3 例，有专家提出，《劳动争议调解仲裁法（草案)》该条的立法原意是，"调解不成或者调解书送达前，一方当事人反悔的"，仲裁庭应当及时作出裁决。但是，《草案》中"前"与"一方"，可能会被误解为"前一方"，

---

① 参见苏培成：《标点符号实用手册》(修订本)，语文出版社 1999 年版，第 47 页。

限定"当事人"。亦即,《草案》的表述,可能会被误解为"调解不成或者调解书送达,前一方当事人反悔的",仲裁庭应当及时作出裁决。因此,《劳动争议调解仲裁法》第42条,在"一方"前面添加逗号,能够有效地避免误解。[①]

7.2 单位符号

7.2.1 数量单位表述

法律中的重量、体积、面积、长度等数量单位,使用中文单位符号。

［**示例**］业主共同决定事项,应当由专有部分面积占比三分之二以上的业主且人数占比三分之二以上的业主参与表决。(《民法典》第278条第2款)

7.2.2 时间单位表述

时间单位统一使用年、月、日、小时。为了避免限制、剥夺或者严重影响公民、法人和其他组织的权利,法律应当使用"自然日",不用"工作日"。

［**示例1**］管制的期限,为三个月以上二年以下。(《刑法》第38条第1款)

---

① 参见许安标:《法律语言要深耕》,载《人大研究》2009年第1期,第53页。

［**示例2**］期间的最后一日是法定休假日的，以法定休假日结束的次日为期间的最后一日。(《民法典》第203条第1款)

［**示例3**］公安机关对被拘留的人，应当在拘留后的二十四小时以内进行讯问。在发现不应当拘留的时候，必须立即释放，发给释放证明。(《刑事诉讼法》第86条)

7.2.3 年龄单位表述

年龄单位统一使用"周岁"，不使用"岁"。

［**示例1**］犯罪的时候不满十八岁的人和审判的时候怀孕的妇女，不适用死刑。已满十六岁不满十八岁的，如果所犯罪行特别严重，可以判处死刑缓期二年执行。(1979年《刑法》第44条)

［**示例2**］犯罪的时候不满十八周岁的人和审判的时候怀孕的妇女，不适用死刑。

审判的时候已满七十五周岁的人，不适用死刑，但以特别残忍手段致人死亡的除外。(现行《刑法》第49条)

［**示例3**］十八周岁以上的自然人为成年人。不满十八周岁的自然人为未成年人。(《民法典》第17条)

［**示例4**］不满十四周岁的未成年人有违法行为的，不予行政处罚，责令监护人加以管教；已满十四周岁不满十八周岁的未成年人有违法行为的，应当从轻或者减轻行政处罚。(《行

政处罚法》第 30 条）

［**评注**］年龄单位的表述，应当统一使用"周岁"，不得使用"岁"。上述示例，1979 年《刑法》第 44 条曾使用"岁"，不够准确，1997 年修订刑法时，立法机关将该条中的"岁"修改为"周岁"。

7.3 数字运用

7.3.1 何时使用阿拉伯数字和汉字数字

法律的通过日期、修订日期、公布日期、施行日期等，使用阿拉伯数字；法律通过的会议届次、会议次数，使用汉字数字。

［**示例 1**］2014 年 11 月 1 日第十二届全国人民代表大会常务委员会第十一次会议通过　2023 年 4 月 26 日第十四届全国人民代表大会常务委员会第二次会议修订（《反间谍法》题注）

［**示例 2**］本条例自 2023 年 5 月 1 日起施行。（《征兵工作条例》第 74 条）

［**示例 3**］本法自 2023 年 1 月 1 日起施行。（《妇女权益保障法》第 86 条）

［**评注**］第 1 例中，法律的通过日期、修订日期均使用阿拉伯数字；会议届次、会议次数，使用汉字数字。第 2 例、第 3 例中，法律的施行日期使用阿拉伯数字。

7.3.2 何时使用中文序数词

编、章、节、条、项前使用中文序数词；其中，项的小写序数加括号。章、节、项前数字需重新排序，编、条前数字不重新排序。款前不使用数字。

［**示例1**］第一百六十一条　民事主体可以通过代理人实施民事法律行为。

依照法律规定、当事人约定或者民事法律行为的性质，应当由本人亲自实施的民事法律行为，不得代理。(《民法典》第161条第1款、第2款）

［**示例2**］澳门驻军履行下列防务职责：

（一）防备和抵抗侵略，保卫澳门特别行政区的安全；

（二）担负防卫勤务；

（三）管理军事设施；

（四）承办有关的涉外军事事宜。(《澳门特别行政区驻军法》第6条）

［**示例3**］军官军衔设下列三等十级：

（一）将官：上将、中将、少将；

（二）校官：大校、上校、中校、少校；

（三）尉官：上尉、中尉、少尉。(《中国人民解放军军官军衔条例》第7条）

7.3.3 何时使用汉字数字

序数词、比例、分数、百分比、倍数、时间段、年龄、人数、金额，以及表示重量、长度、面积等相关计量单位的数字，均用汉字数字表述。

［**示例1**］变造货币，数额较大的，处三年以下有期徒刑或者拘役，并处或者单处一万元以上十万元以下罚金；数额巨大的，处三年以上十年以下有期徒刑，并处二万元以上二十万元以下罚金。(《刑法》第173条)

［**示例2**］驾驶电动自行车不按交通信号、标识规定通行或者逆行的处三百元罚款。

饮酒后驾驶电动自行车的，处五百元以上二千元以下罚款。(《深圳经济特区道路交通安全违法行为处罚条例》第10条)

［**示例3**］经营者违反本条例第十二条第一款，未按照规定发放单用途商业预付卡或者备案的，由商务主管部门责令限期改正；逾期不改正的，处1万元以上3万元以下罚款。(《湖北省消费者权益保护条例》第51条)

［**评注**］以上示例，表示金额的数字，应当统一使用汉字数字；但是，第三例却使用阿拉伯数字，宜修改为汉字数字"一万元以上三万元以下"。

在立法起草实践中，也有相关表述上的调整，比如将百分比修改为汉字数字。

［**示例1**］经济发达且人均耕地特别少的地区，适用税额可以适当提高，但是提高的部分最高不得超过本法第四条第三款规定的当地适用税额的 50%。（《耕地占用税法（草案）》第5条）

［**示例2**］在人均耕地低于零点五亩的地区，省、自治区、直辖市可以根据当地经济发展情况，适当提高耕地占用税的适用税额，但提高的部分不得超过本法第四条第二款确定的适用税额的百分之五十。（《耕地占用税法》第5条）

［**评注**］本例中，表示百分比的数字，应当使用汉字。立法起草人将《耕地占用税法（草案）》中的数字"50%"，修改为"百分之五十"，是规范的。

7.3.4 如何表述含有小数点的数字

含有小数点的数字，使用阿拉伯数字。在立法起草中，有时涉及精确的面积、长度等，不可避免地含有小数点。含有小数点的数字，如果使用汉字数字进行表述，就会造成表述冗长，且不宜识别；因此，宜使用阿拉伯数字。而且，法律的通过日期、生效日期等内容，也使用阿拉伯数字。为了实现形式统一，含有小数点的数字，统一使用阿拉伯数字。

［**示例1**］自治县总面积 2527.1 平方公里。（《伊通满族自治县自治条例》第2条第2款）

［示例2］市、区（县）人民政府应当按照人均用地不少于0.1平方米的标准分区分级规划设置社区居家养老服务设施。(《哈密市居家养老服务条例》第13条)

［示例3］环境协调区是指建设控制地带以外，东至左江左岸，南至扬美村域边界，西至壶天岛，北至左江左岸，面积约1019.54公顷。(《南宁市扬美古镇保护管理条例》第3条第4款)

［评注］上述示例均含小数点，统一使用阿拉伯数字，表述简明。相反，如果使用汉字数字进行表述，比如"七点九五公顷"显然不如"7.95公顷"清晰简明、易于识别。

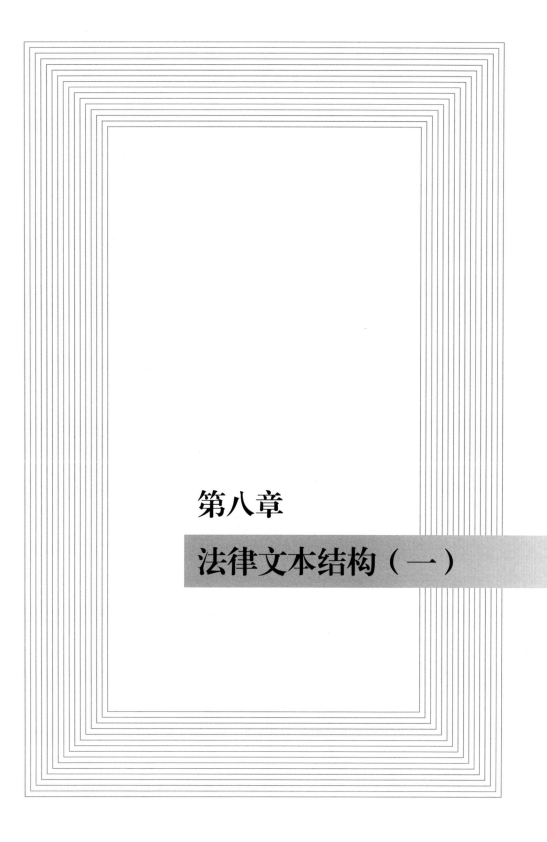

第八章

法律文本结构（一）

科学的结构设计，是起草良善法律的精髓。[1]法律文本结构主要包括：（1）标题设计；（2）目录编制；（3）序言；（4）目的条款、立法依据、定义条款、基本原则、适用范围；（5）总则、分则、附则、附件的设计；（6）编、章、节、条、款、项、目的设计。

8.1 标题设计

标题是法律的重要组成部分[2]，是对法律内容的高度概括，包括法律标题、编标题、章标题、节标题、条标题。标题有助于便捷查阅法律内容，有助于更好理解、适用法律。

标题应当是描述性的，准确地概括、体现法律内容，确保标题语言与其对应的法律内容保持一致。[3]标题有效性的判断标准为，它是否如实地反映法律内容。[4]法律标题应当简洁概括、准确明晰，符合法律形式的统一性和协调性。需要注意的是，追求标题的简洁性不应当牺牲明确性。

---

① 参见［希腊］［英］海伦·赞塔基：《立法起草：规制规则的艺术与技术》，姜孝贤译，法律出版社2022年版，第71页。
② 参见［美］杰克·戴维斯：《立法法律与程序》，姜廷惠译，商务印书馆2022年版，第161页。
③ 参见［希腊］［英］海伦·赞塔基：《立法起草：规制规则的艺术与技术》，姜孝贤译，法律出版社2022年版，第81页。
④ 参见［美］杰克·戴维斯：《立法法律与程序》，姜廷惠译，商务印书馆2022年版，第254页。

8.1.1 法律标题设计

1 法律文本首部应当设置法律标题。

法律标题，亦即法律名称。在美国，州宪法通常都会要求，应当使用法律标题呈现议案的主题或者目标。没有标题的草案是不完美的，也是无效的。[①]

［**示例1**］中华人民共和国宪法

［**示例2**］中华人民共和国刑法

［**示例3**］中华人民共和国民法典

［**示例4**］北京市土壤污染防治条例

［**评注**］每部法律都应当包含法律标题，或曰法律名称。法律标题是法律的必备要素。上述示例，均为法律标题，位于整部法律的首行，居中排列。

2 法律标题应当包含题注。

法律的题注，是指法律名称之下的提示性文字，用以明示法律的形成过程或者法律经过的不同立法阶段。[②] 题注能够直观地呈现法律的发展和演变，有助于保障法律的正确适用。[③]

[①] 参见［美］杰克·戴维斯：《立法法律与程序》，姜廷惠译，商务印书馆2022年版，第153页。

[②] 参见《临沂市人民代表大会常务委员会立法技术规范》第7条。

[③] 参见黄海华：《新时代法律修改的特征、实践和立法技术》，载《中国法律评论》2022年第5期，第178页。

根据《立法法》第 65 条第 3 款，法律标题的题注应当载明制定机关、通过日期。经过修改的法律，应当依次载明修改机关、修改日期。此外，题注还应当载明会议届次。

[**示例 1**]（2020 年 5 月 28 日第十三届全国人民代表大会第三次会议通过）（《民法典》题注）

[**示例 2**]（2022 年 12 月 30 日第十三届全国人民代表大会常务委员会第三十八次会议通过）（《预备役人员法》题注）

[**示例 3**]（2006 年 5 月 24 日天津市第十四届人民代表大会常务委员会第二十八次会议通过 2022 年 12 月 1 日天津市第十七届人民代表大会常务委员会第三十八次会议修订）（《天津市全民健身条例》题注）

[**评注**]第 1 例、第 2 例，《民法典》《预备役人员法》的题注载明制定机关、通过日期、会议届次；第 3 例，《天津市全民健身条例》题注，除了载明制定机关、通过日期、会议届次，还载明修改机关、修改日期。值得注意的是，题注要使用圆括号。各句之间不使用标点符号，只间隔一个空格。

8.1.2 法律章标题设计

章标题应当能够准确概括本章的基本内容和范围。

根据哲学原理，内容决定形式，形式反映内容。标题是法律内容的反映。章节标题应当简约概括、准确明晰，符合法律形式的统一性和协调性。

为了实现章标题协调统一，将相关内容独立成章（节）。对相关规定予以类型化并设"章（节）"，能够使相关规定更具有条理性和明晰性，有助于概括出协调统一的法律标题。

［示例1］第一章　基本规定（《民法典》第一编第一章）

［示例2］第一章　刑法的任务、基本原则和适用范围（《刑法》第一编第一章）

［评注］第1例中，《民法典》第一编第一章包含立法目的、调整对象、基本原则、适用范围等一般规定；据此，本章标题概括为"基本规定"，是准确的。第2例中，第一章的章标题同时列举"刑法的任务""基本原则""适用范围"三项内容，导致章标题烦冗，且与其他章标题不协调，缺乏形式美。由于第一章规定"刑法的目的""刑法的任务""刑法的基本原则"，以及"刑法的适用范围"等多项不同属性的具体内容，这为本章标题的概括增加了难度。即便如此冗长的章标题，依然没有全面概括本章内容，因为本章标题不能涵盖"刑法的目的"。

8.1.3 采用条标题明示条文内容

采用条标题明示条文内容。条标题使用圆括号，并在圆括号内概括条文内容。条标题又称"条标""条旨"，是法律条文的构成要素。条标用简明语词概括法条的核心内容，既便于法条的理解、适用，又便于法条的检索、查找和援引。此外，人们即使不通读法律条文，也能够通过简明易懂的条标，初步判断何种行为可以为、何种行为不可以为，从而更好发挥法的指引功能。① 为了充分发挥条标题的功能和作用，在立法起草阶段，法律就应当统一设置条标题；在法律公布阶段，条标题与法律文本一同公布。②

以《唐律疏议》为代表的中国古代法典设有条标，能够清晰、准确地揭示法律条文的主要内容，这一立法技术为其后历代王朝的法典编纂所承袭，例如《宋刑统》《大明律》《大清律例》。③ 中国当代法律文本虽然设置"条"这一基本的结构单位，但是除了极少数法律设有条标题外，其他法律并未设置条标题。

如果法律没有条标题，就会影响法条的准确理解与适用。例如，在实践中，我国《刑法》分则条文的罪名由最高人民法院、最高人民检察院确定，而"两高"对同一条文确立的罪名却可能不同。罪名确定是立法问题而不是司法问题，立法机关应当在刑法中规定罪名。而且，世界多国刑法采用明示式罪名，比如美国、英国、德国、日本、瑞士、意大利、法国、奥

---

① 参见刘风景：《法条标题设置的理据与技术》，载《政治与法律》2014 年第 1 期，第 125—126 页。
② 参见刘风景：《法条标题设置的理据与技术》，载《政治与法律》2014 年第 1 期，第 128 页。
③ 参见李德龙：《中国古代法典条标的设置及其当代借鉴》，载《人民法院报》2022 年 3 月 4 日，第 5 版。

地利、韩国、俄罗斯、蒙古等国。①由此可见，罪名属于《刑法》分则法条的组成部分，应当由立法机关统一确立罪名。

［示例1］第二条（**定义**）

本办法所称美术馆，是指主要以近现代以来的美术作品为对象，具有收藏、保护、研究、展览、公共教育等功能，经有关登记管理机关依法登记，并向公众开放的文化机构。（《上海市美术馆管理办法》第2条第1款）

［示例2］第十七条（**委托起草**）

起草专业性较强的规章，起草单位可以委托有关专家、教学科研单位、社会组织起草。（《上海市人民政府规章制定程序规定》第17条）

［示例3］第二十九条（**签署**）

规范性文件应当由制定机关主要负责人或者经授权的负责人签署。（《上海市行政规范性文件管理规定》第29条）

［示例4］第四条（**平等原则**）民事主体在民事活动中的法律地位一律平等。（《民法典》第4条）

［示例5］第二百五十八条（**重婚罪**）有配偶而重婚的，或者明知他人有配偶而与之结婚的，处二年以下有期徒刑或者

---

① 参见张文、刘艳红：《罪名立法模式论要》，载《中国法学》1999年第4期，第122—129页。

拘役。(《刑法》第 258 条)

［**评注**］在一些法律工具书中，通常会在各条之前添加条标题①，以明示条文内容，便于法律的查阅、理解与适用。此外，设置条标题还有利于法律文书对条文的援引。比如，第 4 例、第 5 例。同理，法律制定机关公布的法律文本，也宜采用 "明示式标题" 标示条文内容。值得注意的是，少数地方政府规章比如《上海市美术馆管理办法》《上海市行政规范性文件管理规定》等 3 例，已设置条标题，是科学合理的，应当予以肯定。值得提醒的是，一些法律工具书的条标题紧跟条文内容，条文内容没有另起一行；但是，设有条标题的少数法律文本，其条标题单列一行，条文内容另起一行。本书认为，条标题宜单列一行，在形式上更清晰、美观；而且，根据国外立法例，条标题也是单列一行，比如《德国刑法典》《德国民法典》。

8.2 目录编制

8.2.1 法律目录的设置

法律设章、节的，应当设置目录。此外，只设章不设节

---

① 参见王爱立主编：《中华人民共和国刑法释义与适用》，中国民主法制出版社 2021 年版；李立众编：《刑法一本通》(第十一版)，法律出版社 2015 年版；中国法制出版社编：《中华人民共和国民法典：大字版》，中国法制出版社 2020 年版。

的法律，也应当编制目录，比如《北京市数字经济促进条例》《天津市全民健身条例》等。各章、节的名称按照顺序排列，各章下的节单独排序。条、款、项、目不列入目录。附则单列一章。①

［示例］

目　　录

第一章 ……

　　第一节 ……

　　第二节 ……

第二章 ……

　　第一节 ……

　　第二节 ……

　　……

第 × 章　附则②

8.2.2 目录结构单位的排序

法律设编、章、节的，各章连续排序，章内各节重新排序。附则不单列一编或者一章。

---

① 参见《立法技术规范（试行）（一）》。
② 《立法技术规范（试行）（一）》。

［示例］

目　录

第一编　总则

 第一章 ……

 第二章 ……

  ……

第二编　分则

 第三章 ……

  第一节 ……

  第二节 ……

   ……

附则

8.2.3 法律何时不设置目录

法律不设章、节的，不设置目录。如果法律内容较少，通常不设置章、节；因此，无须设置目录。比如，《北京市铁路沿线安全管理规定》共二十九条，《北京市公安机关警务辅助人员管理办法》共二十八条，均不设置章、节；所以，无须设置目录。

8.3 序言

法律序言是指法律标题之后、正文之前的独立部分。法律序言通常用于阐述立法的背景、目的、理由，以及指导思想、基本原则。

目前，中国法律序言主要有三类：一是宪法序言；二是有关特定地区基本法律的序言，比如《民族区域自治法》《香港特别行政区基本法》；三是适用于特定时间、特定事项的单行法律、法规的序言，例如《全国人民代表大会常务委员会关于严惩严重破坏经济的罪犯的决定》《国务院关于国家行政机关工作人员的奖惩暂行规定》等。

8.4 目的条款和立法依据

8.4.1 一般规定

立法目的、立法依据，一般在第 1 条一并表述，先表述立法目的，再表述立法依据。没有直接上位法依据的，第 1 条可以只表述立法目的。作为上位法的实施性规定的，可以不明示立法目的，只表述立法依据。①

"目的条款表达了立法文本追求的目的"②。目的条款有助

---

① 参见《公安部立法技术规范》。
② ［希腊］［英］海伦·赞塔基：《立法起草：规制规则的艺术与技术》，姜孝贤译，法律出版社 2022 年版，第 204 页。

于探寻立法意图、解释法案。^①立法目的条款应当位于法律文本首部。一般地，立法目的置于法律正文的第 1 条，以清晰地表达立法意图，准确地阐明立法精神。^②霍姆斯大法官曾写道："与语法或者形式逻辑所给出的任何规则相比，概括的目的更有助于理解意义。"^③耶林将法律目的比喻为茫茫大海上指引航行方向的"导航之星"。^④由此可见，目的条款对于法律解释具有指引作用，是目的解释的重要依据。

1 立法目的、立法依据，一般在第 1 条一并表述，先表述立法目的，再表述立法依据。

［**示例 1**］为了惩罚犯罪，保护人民，根据宪法，结合我国同犯罪作斗争的具体经验及实际情况，制定本法。（《刑法》第 1 条）

［**示例 2**］为了保障老年人合法权益，发展老龄事业，弘扬中华民族敬老、养老、助老的美德，根据宪法，制定本法。（《老年人权益保障法》第 1 条）

---

① 参见［美］杰克·戴维斯：《立法法律与程序》，姜廷惠译，商务印书馆 2022 年版，第 160 页。

② 参见刘风景：《立法目的条款之法理基础及表述技术》，载《法商研究》2013 年第 3 期，第 54 页。

③ U.S. v. Whitridge, 197 U. S. 135, 143 (1904). 参见王云清：《制定法中的目的解释——以英美国家为中心》，载《法制与社会发展》2020 年第 1 期，第 175 页。

④ 王利明：《法学方法论》，中国人民大学出版社 2011 年版，第 414 页。

［评注］上述示例，分别是《刑法》《老年人权益保障法》的目的条款。第1例中，刑法的立法目的，作为刑法立法和司法的指导思想，对于刑法解释具有重要作用。基于刑法目的的精神，刑法解释应当保持刑法的公正性、客观性，在被害人与被告人的利益之间保持平衡。①

2 没有直接上位法依据的，可以只表述立法目的。

［示例］为了保证食品安全，保障公众身体健康和生命安全，制定本法。(《食品安全法》第1条)

3 作为上位法的实施性规定的，可以不明示立法目的，只表述立法依据。

［示例1］根据《全国人民代表大会常务委员会关于实行宪法宣誓制度的决定》，制定本办法。(《浙江省组织实施宪法宣誓制度办法》第1条)

［示例2］根据《中华人民共和国宪法》《中华人民共和国地方各级人民代表大会和地方各级人民政府组织法》等有关法律，结合本市人民代表大会的实践经验，制定本规则。(《天津市人民代表大会议事规则》第1条)

① 参见陈兴良：《刑法教义学中的目的解释》，载《现代法学》2023年第3期，第153页。

8.4.2 目的条款的表述方式

目的条款应当规范表述方式。①法律一般需要明示立法目的，其表述是："为了……，制定本法。"目的条款的表述，使用"为了"，不用"为"。

［**示例1**］为稳定和完善以家庭承包经营为基础、统分结合的双层经营体制，赋予农民长期而有保障的土地使用权，维护农村土地承包当事人的合法权益，促进农业、农村经济发展和农村社会稳定，根据宪法，制定本法。（2009年《农村土地承包法》第1条）

［**示例2**］为了巩固和完善以家庭承包经营为基础、统分结合的双层经营体制，保持农村土地承包关系稳定并长久不变，维护农村土地承包经营当事人的合法权益，促进农业、农村经济发展和农村社会和谐稳定，根据宪法，制定本法。（2018年《农村土地承包法》第1条）

［**评注**］根据《立法技术规范（试行一）》，目的条款的表述，使用"为了"，不用"为"。②2018年全国人大常委会修改《农村土地承包法》，将原目的条款的"为"修改成"为了"，

---

① 刘风景：《立法目的条款之法理基础及表述技术》，载《法商研究》2013年第3期，第54页。
② 《立法技术规范（试行）（一）》。

是科学、规范的。

通观法律文本，目的条款的表述方式，并不统一。有的使用"为了"，有的使用"为"。

［示例1］为了防范和惩治恐怖活动，加强反恐怖主义工作，维护国家安全、公共安全和人民生命财产安全，根据宪法，制定本法。(《反恐怖主义法》第1条)

［示例2］为了促进循环经济发展，提高资源利用效率，保护和改善环境，实现可持续发展，制定本法。(《循环经济促进法》第1条)

［示例3］为保证人民法院公正、及时审理行政案件，解决行政争议，保护公民、法人和其他组织的合法权益，监督行政机关依法行使职权，根据宪法，制定本法。(《行政诉讼法》第1条)

［示例4］为加强城乡容貌和环境卫生治理，创建和维护整洁、优美、文明的城乡环境，根据有关法律、法规，结合自治州实际，制定本条例。(《昌吉回族自治州城乡容貌和环境卫生治理条例》第1条)

［评注］前两例均使用"为了"，后两例却使用"为"，不符合目的条款的表述规范，宜将"为"改成"为了"。

8.4.3 立法目的的内容表述

立法目的的内容表述应当直接、具体、明确，一般按照由直接到间接、由具体到抽象、由微观到宏观的顺序排列。[①]

[**示例**] 为了规范立法活动，健全国家立法制度，提高立法质量，完善中国特色社会主义法律体系，发挥立法的引领和推动作用，保障和发展社会主义民主，全面推进依法治国，建设社会主义法治国家，根据宪法，制定本法。(《立法法》第1条）

[**评注**] 上述示例，《立法法》的直接目的、具体目的，是"规范立法活动，健全国家立法制度，提高立法质量"。该目的条款的内容表述，就是按照由直接到间接、由具体到抽象、由微观到宏观的顺序排列。

8.4.4 目的条款的内容层次

合理设置目的条款的内容层次。由于立法目的难以通过列举方式逐一表述，因此，目的条款只需表述主要的立法目的。

[**示例**] 为了巩固和加强农业在国民经济中的基础地位，深化农村改革，发展农业生产力，推进农业现代化，维护农民和农业生产经营组织的合法权益，增加农民收入，提高农民科学文化素质，促进农业和农村经济的持续、稳定、健康发展，实现全面建设小康社会的目标，制定本法。(《农业法》第

---

① 《立法技术规范（试行）（一）》。

1 条）

[**评注**]上述示例，立法目的条款表述冗繁，在"制定本法"之前的部分，共有九个层次，内容层次过多。[①] 本例的目的条款，只需表述主要的立法目的。

8.4.5 法律应当载明立法依据

立法依据包括法律依据和实践依据。法律依据，主要是指制定法律直接或者间接依据的上位法。实践依据，主要是指制定法律所根据的实际情况。[②]

1 法律应当载明直接或者间接依据的上位法。

法律文本一般不明示某部具体的法律为立法依据。但是，宪法或者其他法律对制定该法律有明确规定的，应当明示宪法或者其他法律为立法依据。立法依据可以表述为："……根据宪法，制定本法。"或者"……根据《中华人民共和国××法》的规定，制定本法。"立法依据原则上是相关上位法，除非同位法对制定该法律有明确规定，否则一般不明示同位法为立法依据。[③]

根据不同情况，立法依据应当遵循下列表述方式：

---

① 参见刘风景：《立法目的条款之法理基础及表述技术》，载《法商研究》2013 年第 3 期，第 54 页。
② 参见《龙岩市地方立法技术规范》第 29 条。
③ 参见《公安部立法技术规范》。

（1）以直接上位法为立法依据的，列明直接上位法的名称。其表述方法是：为了……，根据宪法（《中华人民共和国××法》），结合……，制定本法（条例、规章、办法等）。

［**示例1**］为了加强反间谍工作，防范、制止和惩治间谍行为，维护国家安全，保护人民利益，根据宪法，制定本法。（《反间谍法》第1条）

［**示例2**］为了规范和加强国家兵役工作，保证公民依法服兵役，保障军队兵员补充和储备，建设巩固国防和强大军队，根据宪法，制定本法。（《兵役法》第1条）

［**示例3**］为了规范和加强征兵工作，根据《中华人民共和国兵役法》，制定本条例。（《征兵工作条例》第1条）

［**示例4**］为了规范军队档案工作，加强档案事业建设，有效保护和利用档案，根据《中华人民共和国档案法》，制定本条例。（《军队档案条例》第1条）

（2）对上位法部分内容作出具体规定，应当在上位法名称之后加上"的有关规定"，或者表明具体条文的规定[①]；以直接上位法某条款为立法依据的，可以表述为：为了……，根据《中华人民共和国××法》第×条（第×款）的规定，结

---

① 参见《公安部立法技术规范》。

合……，制定本法（条例、规章、办法等）。

［**示例**］根据中华人民共和国宪法第十八条^①"一切国家机关工作人员必须效忠人民民主制度，服从宪法和法律，努力为人民服务"的规定，为了不断地提高国家行政机关工作人员的社会主义觉悟，……，现在对于国家行政机关工作人员的奖惩问题，作以下规定：……（1957年《国务院关于国家行政机关工作人员的奖惩暂行规定》^②）

（3）以直接上位法为立法依据的同时，涉及间接上位法或者其他上位法的，在直接上位法名称后跟"和有关法律、法规"。其表述方法是：为了……，根据《中华人民共和国××法》（或者某部法规）和有关法律、法规，结合……，制定本条例（规章、办法等）。

［**示例1**］为了营造有利于未成年人健康成长的环境，促进未成年人养成良好品行，有效预防未成年人违法犯罪，根据《中华人民共和国预防未成年人犯罪法》和有关法律、行政法规规定，结合本市实际情况，制定本条例。（《天津市预防未成年人犯罪条例》第1条）

［**示例2**］为了规范和加强城镇居民二次供水管理，保障

---

① 1954年《宪法》第18条。
② 该暂行规定现已废止。

生活用水需求和安全，根据国务院《城市供水条例》《陕西省城乡供水用水条例》和有关法律、法规，结合本市实际，制定本条例。(《渭南市城镇居民二次供水条例》第1条)

（4）没有直接上位法为立法依据的，其表述方法是：为了……，根据有关法律、法规，结合……，制定本条例（规章、办法等）。其表述方法还可以是：为了……，根据……实际，制定本条例（规章、办法等）。

[示例1] 为了加强红色资源保护利用，传承红色基因，赓续红色血脉，弘扬红色文化，培育和践行社会主义核心价值观，根据有关法律、法规，结合本市实际，制定本条例。(《金华市红色资源保护利用条例》第1条)

[示例2] 为了规范海绵城市规划建设管理工作，保护和改善城市生态环境，增强城市防涝能力，推进城市绿色发展，根据有关法律、法规，结合本市实际，制定本条例。(《临汾市海绵城市建设管理条例》第1条)

2 地方性法规应当载明所依据的实际情况。

《立法法》第80条规定，省、自治区、直辖市的人民代表大会及其常务委员会，根据本行政区域的具体情况和实际需要，在不与宪法、法律、行政法规相抵触的前提下，可以制定地方性法规。据此，地方立法的实践依据，是"本行政区域的具体情况和实际需要"。因此，地方性法规应当载明"结合本省（本市等）实际情况、具体情况或者实践经验等"。

［示例1］为了推动全社会节水，提高水资源利用效率，形成节水型生产生活方式，保障水安全，促进经济社会高质量发展，根据《中华人民共和国水法》等法律、行政法规，结合本市实际情况，制定本条例。（《北京市节水条例》第1条）

［示例2］为了促进自治州红枣产业高质量发展，推动乡村振兴，带动农民增收，根据有关法律法规，结合自治州实际，制定本条例。（《巴音郭楞蒙古自治州红枣产业促进条例》第1条）

8.4.6 目的条款不用"特"字

"制定本法"之前，不使用"特"字。

［示例1］为了维护国家的主权和利益，加强海关监督管理，促进对外经济贸易和科技文化交往，保障社会主义现代化建设，特制定本法。（《海关法》第1条）

［示例2］为了发展矿业，加强矿产资源的勘查、开发利用和保护工作，保障社会主义现代化建设的当前和长远的需要，根据中华人民共和国宪法，特制定本法。（2009年《矿产资源法》第1条）

［示例3］为了加强渔业资源的保护、增殖、开发和合理利用，发展人工养殖，保障渔业生产者的合法权益，促进渔业生产的发展，适应社会主义建设和人民生活的需要，特制定本

法。(《渔业法》第 1 条）

［**评注**］有的法律的立法目的条款，在"制定本法"之前使用"特"字。由于每部法律都有其独特的功能，再使用"特"字，有画蛇添足之嫌。[①]上述示例，在"制定本法"之前，不宜使用"特"字。值得注意的是，2024 年修订后的《矿产资源法》第 1 条删除了"特"，表述为"根据宪法，制定本法"。

8.5 定义条款

本部分详见第五章"定义条款"。

8.6 基本原则

法律的基本原则是立法、司法、执法普遍遵循的根本性准则，对法律的制定、修改、解释和适用具有全局性的指导意义。[②]在立法上，遵循法律的基本原则，确保法律文本体现立法目的、基本精神，使法条表述具体、明确，富有可操作性。在司法、执法上，遵循法律的基本原则，确保法律得到正确理

---

① 参见刘风景：《立法目的条款之法理基础及表述技术》，载《法商研究》2013 年第 3 期，第 54 页。
② 参见高铭暄、马克昌主编：《刑法学》（第六版），北京大学出版社、高等教育出版社 2014 年版，第 24 页；张明楷：《刑法学》（第五版），法律出版社 2016 年版，第 43 页。

解与适用，切实保障公民、法人、其他组织的合法权益。

作为特定领域法律部门的基本原则，一般应当具备法律性、统率性、概括性、特殊性等属性。对于具体法律部门的所有法律规范，法律的基本原则都具有普遍指导意义。特别是，当司法、执法主体处理案件面临两难困境时，法律的基本原则能够为案件处理提供新思路。[①]

［**示例1**］刑罚的轻重，应当与犯罪分子所犯罪行和承担的刑事责任相适应。(《刑法》第5条)

［**示例2**］未经人民法院依法判决，对任何人都不得确定有罪。(《刑事诉讼法》第12条)

［**评注**］第1例是《刑法》规定的罪责刑相适应原则，第2例是《刑事诉讼法》规定的无罪推定原则。两例分别作为刑事实体法、刑事程序法的基本原则，具备法律性、统率性、概括性、特殊性。

---

① 参见解志勇：《卫生法基本原则论要》，载《比较法研究》2019年第3期，第1—2页、第20页。

第九章

法律文本结构（二）

9.1 总则、分则、附则、附件的设计

法律的内容结构一般分为总则、分则和附则。总则、分则和附则的设计,分为明示式结构和非明示式结构。法律设编、章、节的,总则、分则和附则的设计,一般采用明示式结构;法律不设编、章、节的,一般采用非明示式结构,亦即法律不明确标示总则、分则和附则,其内容结构应当根据具体内容进行区分。

9.1.1 法律总则设计

法律总则通常规定总括性内容,一般包括立法目的、立法依据、适用范围、定义条款、基本原则,以及其他总括性内容。法律总则的规定具有原则性、指导性,适用法律分则的任何条款,都不能违反法律总则的规定。[①]

法律总则作为法律基本原则和基本制度的一般规定,在整部法律中占据统领地位。总则分为明示总则和非明示总则,前者是指以"总则"为名称作为第一编或者第一章的标题,后者是指法律虽有总则性质的条文,但是未以"总则"为名称予以明示。

1法律总则的设计,应当遵循哲学方法、逻辑规则、法学

---

① 参见王作富主编:《刑法》(第六版),中国人民大学出版社 2016 年版,第 233 页。

理论，确保法律文本结构逻辑清晰、层次分明。

[**示例1**] 第三章 法人

　　　　第一节 一般规定

　　　　第二节 营利法人

　　　　第三节 非营利法人

　　　　第四节 特别法人

　　　　第四章 非法人组织（《民法典》第三章、第

　　　　四章）

[**示例2**] 第二章 犯　罪

　　　　第一节 犯罪和刑事责任

　　　　第二节 犯罪的预备、未遂和中止

　　　　第三节 共同犯罪

　　　　第四节 单位犯罪（《刑法》第二章）

[**评注**] 第1例中，第三章"法人"与第四章"非法人组织"，两者在概念上是矛盾关系，应当单独分章。同时，第三章"法人"又划分三节"营利法人""非营利法人""特别法人"；其中，第二节"营利法人"与第三节"非营利法人"，两者在概念上也是矛盾关系，应当单独分节。由此可见，第1例关于总则内容的设计，遵循逻辑规则、法学理论，其体系逻辑清晰、层次分明。对于第2例，《刑法》第二章第一节"犯罪和刑事责任"，从逻辑体系上看，"刑事责任"隶属于"犯罪"，

显然与"刑事责任"的独立性不协调。此外，正当防卫和紧急避险，是排除、阻却犯罪性的正当行为，而不是犯罪行为或者应当追究刑事责任的行为。现行《刑法》第二章第一节"犯罪和刑事责任"，设置"正当防卫""紧急避险"两种正当行为，既不符合刑法理论，又造成刑法体系结构不够明晰。

2 设编、章的，总则内容应当作为法律第一编或者第一章；不设编、章的，应当在法律正文首部集中表述总则内容。

［**示例**］根据中华人民共和国宪法第十八条"一切国家机关工作人员必须效忠人民民主制度，服从宪法和法律，努力为人民服务"的规定，为了不断地提高国家行政机关工作人员的社会主义觉悟，发扬工作积极性和创造性，防止和纠正国家行政机关工作人员的违法失职行为，以切实保证社会主义建设事业的顺利完成，现在对于国家行政机关工作人员的奖惩问题，作以下规定：

一、国家行政机关工作人员必须坚决地执行国家的各项政策、法律、法令，遵守政府的决议、命令和规章制度，切实地完成国家交给的各项工作任务，爱护和保卫公共财产，保守国家机密，树立勤俭朴素、谦虚谨慎、密切联系群众的优良作风。

……（1957年《国务院关于国家行政机关工作人员的奖惩暂行规定》正文首部）

［**评注**］上述示例，法律不设编、章，在法律正文的首部集中表述总则内容，包括立法目的、立法依据、适用范围等。

9.1.2 法律分则设计

法律分则是法律文本的主要构成部分，规定具体行为规则，位于总则之后、附则之前。

如何建立科学的分则体系，是制定法律分则的重要内容。对分则条文按照一定原则和标准进行科学编排，有助于体现立法价值取向、实现立法目的，有助于司法、执法机关准确把握立法精神，正确解释和适用法律。同时，科学的法律分则体系，能为具体法律部门建立分则的理论体系提供法律依据。①

1 法律分则的排列方式。

法律分则的内容，一般按照法律内容的逻辑体系、重要程度等顺序，以递进或者平行的方式排列。

法律分则的内容结构分为平行式和递进式，前者是按照一定标准，以平行方式排列各章节内容，后者是根据事物发展进程依次排列各章节内容。

［**示例**］第二编　分则

第一章　危害国家安全罪

_____

① 参见王作富主编:《刑法》(第六版)，中国人民大学出版社 2016 年版，第 229—230 页。

第二章　危害公共安全罪

第三章　破坏社会主义市场经济秩序罪

……（《刑法》第二编部分"章"）

［**评注**］上述示例表明，《刑法》分则基本上依据各类犯罪的危害程度、刑法所保护法益的重要程度，按照由重到轻的顺序排列。[①]

2 处罚条款设置技术。

根据立法目的，采用"交叉式"处罚条款设置技术。"交叉式"处罚条款设置技术，分为处罚种类重合和处罚幅度重合。这一立法技术，有助于避免绝对确定的处罚种类或者处罚幅度，授予司法、执法机关一定自由裁量权，从而根据具体案件的具体情况，选择适用处罚种类或者处罚幅度，有助于实现违法行为与处罚结果之间的均衡。

（1）处罚种类重合。

［**示例1**］以勒索财物为目的绑架他人的，或者绑架他人作为人质的，处十年以上有期徒刑或者无期徒刑，并处罚金或者没收财产；情节较轻的，处五年以上十年以下有期徒刑，并处罚金。（《刑法》第239条第1款）

[①]　参见张明楷：《刑法学》（第五版），法律出版社2016年版，第658页。

〔示例2〕犯前款罪，杀害被绑架人的，或者故意伤害被绑架人，致人重伤、死亡的，处无期徒刑或者死刑，并处没收财产。(《刑法》第239条第2款)

〔示例3〕贪污数额特别巨大或者有其他特别严重情节的，处十年以上有期徒刑或者无期徒刑，并处罚金或者没收财产；数额特别巨大，并使国家和人民利益遭受特别重大损失的，处无期徒刑或者死刑，并处没收财产。(《刑法》第383条第1款第3项)

〔评注〕上述示例，存在法定刑种类的重合。前2例分别是绑架罪的第1款、第2款。第1款基本法定刑的刑种，包含"无期徒刑""没收财产"；第2款加重法定刑的刑种，也包含"无期徒刑""没收财产"。第3例中，两档法定刑同样存在"无期徒刑""没收财产"两类刑种的重合。

（2）处罚幅度重合。

〔示例〕国家工作人员利用职务上的便利，挪用公款归个人使用，进行非法活动的，或者挪用公款数额较大、进行营利活动的，或者挪用公款数额较大、超过三个月未还的，是挪用公款罪，处五年以下有期徒刑或者拘役；情节严重的，处五年以上有期徒刑。挪用公款数额巨大不退还的，处十年以上有期徒刑或者无期徒刑。(《刑法》第384条第1款)

〔评注〕根据《刑法》规定，除数罪并罚之外，有期徒刑的最高刑期是十五年。上述示例，挪用公款罪，情节严重的，可以处十年以上、十五年以下有期徒刑；挪用公款数额巨大不退还的，也可以处十年以上、十五年以下有期徒刑。由此可见，该例存在法定刑幅度的重合。

9.1.3 法律附则

法律附则是附属于法律后部的规则，是法律总则和法律分则的辅助性内容。一般地，法律附则不对实体性内容作出规定，即不规定权利或者义务。[①]目前，根据中国立法实践，如果法律内容既不适合列入总则也不适合列入分则，一般纳入附则。附则主要包括适用范围的补充规定，过渡性条款，解释权、修改权的归属，法律的生效日期，废止事项等内容。

新旧法律之间的沿用关系、与其他法律的适用关系、对适用主体的补充说明等内容，本应在法律总则部分予以规定，但是，由于我国立法实践一般将法律的施行日期写在附则部分，因此，前述内容通常也规定在附则部分。

［示例1］第十一章　附则

第六十四条　本法适用于中国人民武装警察部队。

第六十五条　本法自 2021 年 10 月 1 日起施行。

[①]　参见王瑞贺、李春良主编：《〈中华人民共和国湿地保护法〉释义》，中国民主法制出版社 2022 年版，第 169 页。

（《兵役法》附则）

[示例2]附则

第四百五十二条　本法自1997年10月1日起施行。

列于本法附件一的全国人民代表大会常务委员会制定的条例、补充规定和决定，已纳入本法或者已不适用，自本法施行之日起，予以废止。

列于本法附件二的全国人民代表大会常务委员会制定的补充规定和决定予以保留，其中，有关行政处罚和行政措施的规定继续有效；有关刑事责任的规定已纳入本法，自本法施行之日起，适用本法规定。（《刑法》附则）

[评注]第1例作为附则，包含两个条文。其中，第64条是《兵役法》适用范围的补充规定；第65条规定《兵役法》的施行日期。第2例中，《刑法》附则仅包含一个条文，第一款规定《刑法》修订后的施行日期，第二款、第三款规定修订后的《刑法》与之前单行刑法的关系。[①]

需要注意的是，法律设编、章、节的，附则不单列一编或者一章；法律设章、节的，附则单列为最后一章；不设章的，附则性条文应当按照顺序写在法律正文末尾。

---

① 参见王作富主编：《刑法》（第六版），中国人民大学出版社2016年版，第12页。

［**示例1**］附则（《刑法》）

［**示例2**］附则（《民法典》）

［**示例3**］第八章　附则（《行政处罚法》）

［**示例4**］本办法自2023年2月15日起施行。（《宿州市生活垃圾分类管理办法》第26条）

［**评注**］第1例、第2例中，《刑法》《民法典》均设编、章、节，附则不单列一编或者一章。第3例中，《行政处罚法》设章、节，将附则作为最后一章。第4例中，《宿州市生活垃圾分类管理办法》不设章，其第26条为附则性条文，按照顺序写在法律正文的末尾。

1法律的适用范围。

法律的适用范围，是指法律适用的空间、对象和行为。其表述一般采用如下方式：

（1）适用空间，是指法律适用的区域范围，一般表述为"在……领域内""在……境内""……区域内"等。

［**示例1**］凡在中华人民共和国领域内犯罪的，除法律有特别规定的以外，都适用本法。（《刑法》第6条第1款）

［**示例2**］在中华人民共和国境内从事无人驾驶航空器飞行以及有关活动，应当遵守本条例。（《无人驾驶航空器飞行管理暂行条例》第2条第1款）

［**示例3**］本条例适用于本市行政区域内城市供水的管理。

（《吉林市城市供水管理条例》第 2 条）

[示例 4] 本条例适用于本市行政区域内的大气污染防治及其监督管理活动。(《成都市大气污染防治条例》第 2 条)

（2）适用主体，是指法律调整的特定主体，包括人或者组织，一般表述为"公民""法人""其他组织"或者"组织和个人"等。

[示例] 在本省行政区域内从事农业机械生产、销售、使用、维修、科研、培训、推广、管理的单位或者个人，适用本条例。(《福建省农业机械管理条例》第 2 条第 1 款)

（3）适用对象，是指法律调整的行为，一般表述为"……工作（活动等），适用本法（条例等）。"

[示例 1] 征集公民到中国人民武装警察部队服现役的工作，适用本条例。(《征兵工作条例》第 72 条)

[示例 2] 本条例适用于领事保护与协助以及相关的指导协调、安全预防、支持保障等活动。(《领事保护与协助条例》第 3 条第 1 款)

（4）除外条款。适用范围需要排除部分事项①的，一般在适用范围后紧接"但是，××除外""……，不适用本条例"

---

① 比如，《东莞市人大常委会立法技术规范》第 111 条、第 115 条规定了"除外条款"。

或者"……，法律、法规另有规定的，从其规定"。另外，也可以直接写明适用的其他法律名称。

［**示例1**］中华人民共和国的单独关税区不适用本法。（《对外贸易法》第68条）

［**示例2**］境外的组织和个人在境内举办职业学校、职业培训机构，适用本法；法律、行政法规另有规定的，从其规定。（《职业教育法》第68条）

［**示例3**］中国人民解放军和中国人民武装警察部队的监察官制度，按照国家和军队有关规定执行。（《监察官法》第67条）

［**示例4**］公安现役部队奖励工作执行《中国人民解放军纪律条令》。（《公安机关人民警察奖励条令》第46条第3款）

（5）适用范围扩张。适用范围扩大到其他事项的，在适用范围后另设一条或者一款，一般表述为"……，适用本法"或者"本法适用于……"。

［**示例1**］本法适用于中国人民武装警察部队。（《兵役法》第64条）

［**示例2**］中国人民武装警察部队退出现役的人员服预备役的，适用本法。（《预备役人员法》第64条）

［**示例3**］公安机关在依法履行职责过程中发现、惩治危害国家安全的行为，适用本法的有关规定。（《反间谍法》第

70条第2款）

（6）参照适用条款。对于不宜直接纳入法律调整的事项，需要规定参照执行的，可以在适用范围之后或者在附则单列一个条文，表述为"……，参照本法（或者本法的有关规定）执行。"

［示例1］本省行政区域内的事业单位和民办非企业单位开展民主管理活动，可以参照本条例执行。（《浙江省企业民主管理条例》第38条）

［示例2］公安机关所属单位及其在编在职人员，公安机关见习期人民警察、离退休人民警察、在编在职工勤人员和公安院校全日制普通学历教育学生参照执行。（《公安机关人民警察奖励条令》第46条第2款）

2 解释权归属。

一般地，解释权条款设置于附则。比如，根据《汕头市立法技术规范（试行）》第6条第4款第3项规定，附则包括解释权条款。当相关主体对特定事项存在不同理解，甚至发生争议时，解释机关应当行使优先性的解释权，相关主体应当以该解释机关作出的解释为准。

法律有以下情况之一的，应当由解释机关进行解释：一是法律实施过程中，如果对条文内容存在不同意见[①]，需要进一步明确具体含义；二是法律制定后出现新情况，需要明确适用法律依据[②]。《立法法》第 48 条第 2 款对解释权归属作出明确规定："法律有以下情况之一的，由全国人民代表大会常务委员会解释：（一）法律的规定需要进一步明确具体含义的；（二）法律制定后出现新的情况，需要明确适用法律依据的。"

一般地，法律解释权属于法律的制定机关。比如，《立法法》第 48 条第 1 款规定："法律解释权属于全国人民代表大会常务委员会。"又如，国务院《规章制定程序条例》第 33 条第 1 款规定："规章解释权属于规章制定机关。"再如，《山东省地方立法条例》第 67 条第 1 款规定："省人民代表大会及其常务委员会通过的地方性法规的解释权属于常务委员会。"

［**示例 1**］本条例由中央纪委负责解释。（《中国共产党纪律处分条例》第 157 条）

［**示例 2**］本条例由国家监察委员会负责解释。（《监察法实施条例》第 286 条）

---

① 《上海市人民政府规章制定程序规定》第 37 条。
② 参见《山东省地方立法条例》第 67 条第 2 款规定："地方性法规有下列情况之一的，由常务委员会解释：（一）地方性法规的规定需要进一步明确具体含义的；（二）地方性法规制定后出现新的情况，需要明确适用地方性法规依据的。"《临沂市制定地方性法规条例》第 44 条第 2 款。

［**示例3**］本办法由中国人民银行负责解释。《金融控股公司关联交易管理办法》第47条）

［**示例4**］本规范由市人大常委会法制工作委员会负责解释。(《临沂市立法技术规范》第142条)

需要注意的是，如果法律由两个以上机关（部门）共同制定，应当由该共同制定机关会同解释。

［**示例1**］本办法由国家档案局、民政部、农业部负责解释。(《村级档案管理办法》第18条)

［**示例2**］本规定由人民银行和银保监会负责解释。(《系统重要性银行附加监管规定（试行）》第21条)

［**评注**]《村级档案管理办法》由国家档案局、民政部、农业部共同制定，该办法由三机关共同解释；《系统重要性银行附加监管规定（试行）》，由中国人民银行和中国银行保险监督管理委员会共同制定，该规定应当由两机关共同解释。

3 生效日期。

生效日期的表述模式是：本法（条例、规则、办法、规定等）自 × 年 × 月 × 日起施行，或者自公布之日起施行。

如果法律内容丰富、不易普及，公布之日不生效，应当经过一段时间的宣传、学习之后才生效；如果法律针对某一时期的某一事项或者某一群体，条款较少、内容单一，易于普及和掌握，或者在非常时期针对紧急情势制定的法律，可以规定公布之日生效。

［**示例1**］本法自2000年7月1日起施行。（《立法法》第120条）

［**示例2**］本条例自2023年6月1日起施行。（《北京市未成年人保护条例》第68条）

［**示例3**］本条例自发布之日起施行。（《中国共产党党内监督条例》第47条）

［**示例4**］本规则自公布之日起施行。（《海南省人民代表大会议事规则》第65条）

［**评注**］《立法法》第61条规定："法律应当明确规定施行日期。"宪法、法律、行政法规、地方性法规、自治条例等法律，均应当明确规定施行日期。法律附则部分通常以法条形式规定生效日期，一般为法律全文的最后一条。相比而言，国外法律通常将生效日期置于首部。

4 废止性条款。

制定法律需要同时废止现行相关法律的，应当在新法的施行日期之后，作出废止现行相关法律的明确表述。[①]对于新法废止旧法，应当在附则中设置废止性条款。由于新法的题注不

---

① 参见《金华市地方立法技术规范》第66条。

能体现旧法的基本信息，新法的废止性条款就成为记录法律发展、演变这一重要信息的载体，因此，修改新法应当始终保留废止性条款。①

[示例1]本法自公布之日起施行。《中华人民共和国食品卫生法（试行）》同时废止。（1995年《食品卫生法》第57条）

[示例2]本法自2009年6月1日起施行。《中华人民共和国食品卫生法》同时废止。（2009年《食品安全法》第104条）

[示例3]本法自2015年10月1日起施行。（2015年《食品安全法》第154条）

[评注]第1例、第2例，均有废止性条款；但是，第3例却删去废止性条款，以致《食品卫生法（试行）》《食品卫生法》两部法律的信息不见影踪。②

废止性条款一般包括立新废旧和作出废止决定两种方式。采用立新废旧方式的，废止性条款一般紧接在"施行日期"之

---

① 参见黄海华：《新时代法律修改的特征、实践和立法技术》，载《中国法律评论》2022年第5期，第179页。

② 参见黄海华：《新时代法律修改的特征、实践和立法技术》，载《中国法律评论》2022年第5期，第179页。

后表述^①，与生效条款同为一条。

（1）采用立新废旧方式的，一般紧接在法律的施行日期之后，可以表述为：本法（条例或者规定等）自 × 年 × 月 × 日起施行。× 年 × 月 × 日第 × 届 ×× 人民代表大会常务委员会（或者其他机关）第 × 次会议通过（印发、发布）的《×× 条例（规定等）》同时废止。

［**示例1**］本条例自 2017 年 5 月 8 日起施行。2003 年 4 月 3 日中央军委发布的《军事法规军事规章条例》同时废止。（《军事立法工作条例》第 78 条）

［**示例2**］本法自 2022 年 7 月 1 日起施行。1988 年 8 月 6 日国务院发布的《中华人民共和国印花税暂行条例》同时废止。（《印花税法》第 20 条）

［**示例3**］本条例自 2017 年 3 月 1 日起施行。2001 年 2 月 18 日山东省第九届人民代表大会第四次会议通过的《山东省制定和批准地方性法规条例》同时废止。（《山东省地方立法条例》第 93 条）

值得注意的是，被废止法律与新法名称不同的，被废止法律的通过日期和制定机关可以省略。

---

① 《东莞市人大常委会立法技术规范》第 120 条。

［**示例1**］本法自2023年3月1日起施行。《中华人民共和国预备役军官法》同时废止。(《预备役人员法》第65条）

［**示例2**］本法自2013年7月1日起施行。《中华人民共和国外国人入境出境管理法》和《中华人民共和国公民出境入境管理法》同时废止。(《出境入境管理法》第93条）

（2）采用废止决定方式的，可以表述为：××省（市）第×届人民代表大会常务委员会第×次会议决定，废止《××省（市）××条例》(题注）；或者，××（制定机关）决定废止×年×月×日发布实施的《××规定（等）》(题注）。

［**示例1**］××市第×届人民代表大会常务委员会第×次会议决定，废止《××市××条例》(×年×月×日××市第×届人民代表大会常务委员会第×次会议通过×年×月×日××省第×届人民代表大会常务委员会第×次会议批准）。

［**示例2**］公安部决定废止2005年8月18日发布实施的《公安机关信访工作规定》(公安部令第79号）。(《关于废止〈公安机关信访工作规定〉的决定》）

（3）废止性条款的表述方法，还可以采用："其他有关……的规定，凡与本法（条例、规定等）不一致的，以本法（条例、规定等）为准。"或者，"此前的规范性文件与本法

（条例、规定等）不一致的，以本法（条例、规定等）为准。"

[**示例1**] 本条例自颁布之日起施行。1995年5月10日中共中央、中央军委批准颁布的《中国人民解放军政治工作条例》同时废止。其他有关军队政治工作的规定，凡与本条例不一致的，以本条例为准。（2010年《中国人民解放军政治工作条例》第106条）

[**示例2**] 本规定自2023年9月1日起施行。此前的规范性文件与本规定不一致的，以本规定为准。（《最高人民法院关于法律适用问题请示答复的规定》第25条）

5 授权立法条款。

授权立法，是指法律制定机关依据特定的法律授权或者有立法权的国家机关的专门授权所进行的立法。法律制定机关根据上位法的某一授权条款而制定相应的执行性、补充性法规或者规章。授权立法条款专门用于明确授权事项。

[**示例1**] 本法实施细则由国务院制定。（2009年《矿产资源法》第52条）

[**示例2**] 中国人民解放军和中国人民武装警察部队开展体育活动的具体办法，由中央军事委员会依照本法制定。（《体育法》第121条）

[**示例3**] 国务院和中央军事委员会根据本法制定实施办法。（《军事设施保护法》第71条）

6 过渡性条款。

（1）根据需要规定过渡性条款，对法律实施之前的既存事实和溯及力作出过渡性安排。

法律一般不溯及既往，《立法法》已经对此作出明确规定①；因此，立法起草人无须在过渡性条款中表述"本法不溯及既往"。但是，根据《立法法》，为了更好地保护公民、法人和其他组织的合法权益，如果法律需要作出特别规定以赋予某些条款溯及力，那么需要设置过渡性条款，对溯及力问题作出明确规定。

［**示例**］本法生效以前，经省、自治区、直辖市以上主管机关批准开办的全民所有制企业，已经向工商行政管理机关登记的，可以不再办理法人登记，即具有法人资格。（《民法通则》第 152 条②）

［**评注**］上述示例，是《民法通则》附则中的过渡条款，对相关条款的溯及力问题作出明确规定。

（2）过渡性条款一般设置在附则部分、法律生效日期条款之前；但是，只涉及某章节或者某条文的，过渡性条款可以设

---

① 《立法法》第 104 条："法律、行政法规、地方性法规、自治条例和单行条例、规章不溯及既往，但为了更好地保护公民、法人和其他组织的权利和利益而作的特别规定除外。"

② 本法现已失效。

置在相应章节或者条文之中。

过渡性条款可以表述为："本法施行前……（客观存在的某种事实或者行为主体），应当在本法施行之日起××（期限）内，按照本法（第×条第×款）的规定，……（针对上述事实或者行为作出限制性的规范）。"过渡性条款内容一般包括：对新法施行或者颁布之前相关法律行为、法律关系效力的确定；新法对某种特殊情形的特别生效时间作出规定，或者对依法特别办理的事项作出规定；对依据旧法授予的权利、资格、资质效力的承认或者处理等。①

［示例］本条例施行前已经从事农药经营的，应当在本条例施行之日起一年内，具备本条例第三十条第二款规定的条件，并向县级以上农业主管部门申领农药经营许可证。（2011年《浙江省农作物病虫害防治条例》第50条）

［评注］上述示例作为过渡性条款，是对2011年《浙江省农作物病虫害防治条例》施行之前相关法律行为、法律关系效力的确定，其表述模式符合规范。

［示例］本法施行前依照行政法规已批准在证券交易所上市交易的证券继续依法进行交易。

---

① 《立法技术规范（试行）（一）》。

本法施行前依照行政法规和国务院金融行政管理部门的规定经批准设立的证券经营机构,不完全符合本法规定的,应当在规定的限期内达到本法规定的要求。具体实施办法,由国务院另行规定。(1998年《证券法》第211条)

[评注]上述示例,是1998年《证券法》第十二章"附则"第211条的规定,属于过渡条款。①

9.1.4 法律附件

法律附件属于法律内容,主要规定已经废止的和继续有效的法律规范文件,置于法律尾部。附件与法律其他部分具有同等法律效力。附件置于条文之外,附在法律正文之后,以目录、表等形式列出有关事项的详细内容。

[示例]附件一:《香港特别行政区行政长官的产生办法》

附件二:《香港特别行政区立法会的产生办法和表决程序》

附件三:《在香港特别行政区实施的全国性法律》(《香港特别行政区基本法》附件)

[评注]附件是《香港特别行政区基本法》的一部分,由于不宜直接放在正文中,才以附件形式编排于《香港特别行政

---

① 参见杨斐:《法律修改研究:原则·模式·技术》,法律出版社2008年版,第291页。

区基本法》尾部。该附件与本法其他条文具有同等效力。

9.2 编、章、节、条、款、项、目的设计

对于编、章、节、条、款、项、目的设计，《立法法》作出明确规定。其中，《立法法》第 65 条第 1 款规定："法律根据内容需要，可以分编、章、节、条、款、项、目。"第 2 款规定："编、章、节、条的序号用中文数字依次表述，款不编序号，项的序号用中文数字加括号依次表述，目的序号用阿拉伯数字依次表述。"

9.2.1 结构单位之间应当具有逻辑关系

根据内容需要，法律可以分为编、章、节、条、款、项、目。各章、节或者各部分内容之间，应当具有逻辑关系。

9.2.2 法律形式结构

法律形式结构，是指法律的编、章、节、条、款、项、目等结构单位的设置和排列。起草法律内容和设计法律文本结构，都应当做到形式与内容紧密结合。法律的良好形式需要立法起草人关注法律的实质内容；立法起草人考虑法律的实质内容时，也应当关注法律形式。鉴于形式与内容之间的辩证关系，用于指导立法起草人选择实质内容的立法原理也能够指导

他们对法案形式的选择。^①"毋庸置疑，法案形式应当符合法案内容；与此同时，内容亦当符合形式。这一命题满足于法案形式的每一方面：法案结构、句子结构、语词选择、句法、语法和标点。"^②法律文本形式结构包括：

1 编。

编是法律的最高层次的结构单位。内容复杂、层次较多的法律通常使用编。法律总则和法律分则列为两编；法律附则不另设一编，与法律总则、法律分则并列编排。

［**示例**］中华人民共和国刑法

第一编　总则

第二编　分则

附则（《刑法》第一编、第二编）

［**评注**］以上示例，中国《刑法》设置两编，即总则和分则；附则虽然没有设编，但是在体系地位上与总则、分则并列。

---

① Ann Seidman, Robert B. Seidman and Nalin Abeyesekere, *Legislative Drafting for Democratic Social Change: A Manual for Drafters*, London: Kluwer Law International, 2001, p.231.

② Ann Seidman, Robert B. Seidman and Nalin Abeyesekere, *Legislative Drafting for Democratic Social Change: A Manual for Drafters*, London: Kluwer Law International, 2001, p.205.

2章。

章是隶属于编的结构单位，通常适用于内容较多且需区分层次的法律。各章以序数形式连续排列，各序数之后应当设置能够概括本章内容的章标题，法律各章之间应当具有内在逻辑联系。至于各章篇幅大小，取决于内容多少。法律总则、分则均应独立设章。

法律的各章之间应当有内在逻辑联系，遵循法学理论，符合哲学原理。

［示例］第三章　刑罚

第四章　刑罚的具体运用（《刑法》第一编部分"章"）

［评注］上述示例，第三章、第四章的设置，不符合"整体与部分"的哲学原理。原因在于，"刑罚"包括"刑罚的具体运用"，二者之间是整体与部分之间的关系。"刑罚的具体运用"是"刑罚"的内容之一。因此，第三章"刑罚"与第四章"刑罚的具体运用"不宜并列设置。

3节。

节是隶属于章的结构单位。法律设节的目的是，使章的不同内容相对独立，从而使各章内容层次清晰。同一章内的节与节之间，应当具有逻辑性。节的内容不能超出所隶属章的范围。每节都应当设置能够概括本节内容的标题。每章中的节独立排序。

节不是法律必备的结构单位。对于内容层次相对较多的章，应当设节；对于内容层次相对较少的章，没有必要设置节。

［**示例1**］第七章　代理

第一节　一般规定

第二节　委托代理

第三节　代理终止

第八章　民事责任

第九章　诉讼时效

第十章　期间计算（《民法典》第一编部分"章"）

［**示例2**］第一章　总则

第二章　防治职责

第三章　防治措施

第四章　监督管理

第五章　法律责任

第六章　附则（《酒泉市扬尘污染防治条例》）

［**评注**］上述示例，《民法典》第七章内容较多，且内容差异明显，需要设置节，以序数形式排列；《民法典》第八章至第十章，以及《酒泉市扬尘污染防治条例》的各章内容相对较

少，没有必要设置节。

4 条。

条是法律的基本结构单位，隶属于节或者章。相对其他结构单位而言，条具有独立性和完整性，一个条文一般只规定一项内容。上下条文之间，一般应当具有逻辑联系。条以中文序数形式连贯排列，并统一进行编号。

法律条文采用统一编号，既能使法律文本体系化，又方便检索、查阅，准确引用。[①] 条的编号具有连续性，不受编、章、节划分的影响。

一般地，一个条文只规定一项内容。根据《联合指南》[②] 第 4 条，每个语句只能表达一层含义，同一条款表达的内容应当具有逻辑关联性。每一条文应当只包含一个规则，并且条文结构应当尽可能地简明。[③]

［**示例 1**］单位应当为献血者参加献血提供便利条件，并可以根据实际情况给予适当补贴、奖励。（《北京市献血条例》第 23 条）

[①] 参见高铭暄、马克昌主编：《刑法学》（第六版），北京大学出版社、高等教育出版社 2014 年版，第 20 页。

[②] 《联合指南》，即是《欧洲议会、欧盟理事会以及欧洲委员会联合实用指南》。

[③] ［波］克日什托夫·克里登斯、斯坦尼丝洛·哥兹－罗什科夫斯基主编：《语言与法律：国际视角》，黄凤龙、刘远萍译，中国政法大学出版社 2017 年版，第 28 页。

［**示例 2**］鼓励出租人和承租人投保租赁住房财产保险和人身意外保险。(《北京市住房租赁条例》第 25 条)

［**示例 3**］本市保障妇女享有与男子平等的人身和人格权益。(《上海市妇女权益保障条例》第 20 条)

［**评注**］上述示例，均是法律的基本结构单位"条"，隶属于节或者章。相对于"编""章""节"其他结构单位而言，"条"具有独立性和完整性，一个条文一般只规定一项内容。

需要注意的是，如果两层或者两层以上含义之间具有内在逻辑联系，也可以规定在同一条款中。

［**示例 1**］对于危害国家安全的犯罪分子应当附加剥夺政治权利；对于故意杀人、强奸、放火、爆炸、投毒、抢劫等严重破坏社会秩序的犯罪分子，可以附加剥夺政治权利。(《刑法》第 56 条第 1 款)

［**示例 2**］犯罪以后自动投案，如实供述自己的罪行的，是自首。对于自首的犯罪分子，可以从轻或者减轻处罚。其中，犯罪较轻的，可以免除处罚。(《刑法》第 67 条第 1 款)

［**评注**］第 1 例表述两层含义，用分号隔开；第 2 例表述三层含义，用句号隔开。[1] 由于其不同含义之间具有内在逻

---

[1] 参见高铭暄、马克昌主编：《刑法学》(第六版)，北京大学出版社、高等教育出版社 2014 年版，第 20—21 页。

辑联系，规定在同一条款更简约、经济，便于法条的理解、适用。

5 款。

款是隶属于条的结构单位。对于内容丰富且存在若干层次的条文，应当在条之下设款；对于内容简单的条文，在条之下不需设款。每款应当只表述一层意思。款的设置另起一行，以自然段形式设置于条中，不设置编号。款的设置方法有三种：

（1）并列分款法，即各款之间在内容上是并列关系。

［**示例1**］学校应当采取措施预防学生吸烟，对学生开展吸烟有害健康的宣传教育，帮助吸烟的学生戒烟。

教师不得在中小学生面前吸烟。（《北京市控制吸烟条例》第19条）

［**示例2**］本条例所称的养犬人，是指饲养犬只的个人或者单位。

本条例所称的城市化地区，是指《上海市城乡规划条例》确定的中心城、新城和新市镇。（《上海市养犬管理条例》第57条）

［**评注**］第1例中，第1款、第2款分别规定学校、教师的义务，两款之间在内容上是并列关系。第2例中，第1款、第2款分别设置"养犬人""城市化地区"的定义条款，两款之间在内容上也是并列关系。

（2）以后款补充前款法，即各款之间是递进补充关系。

［示例］任何单位和个人都有节水的义务。

本市对在节水工作中做出突出贡献的单位和个人，按照国家和本市有关规定给予表彰奖励。（《北京市节水条例》第7条）

［评注］上述示例，第1款规定单位和个人节水的义务；第2款是，对于认真履行该义务的单位和个人给予表彰、奖励。第2款与第1款之间，是递进补充关系。

（3）混合分款法，即各款之间有的是并列关系，有的是递补关系。一般地，先表述并列关系的款，后表述递补关系的款。

［示例］饲养犬只的个人应当具有完全民事行为能力，在本市有固定居住场所。

个人在城市化地区内饲养犬只的，每户限养一条。

禁止个人饲养烈性犬只。（《上海市养犬管理条例》第12条）

［评注］上述示例，第1款规定个人饲养犬只的条件；第2款规定个人饲养犬只的数量。两款之间是并列关系。第3款规定个人不得饲养烈性犬只，是对第2款的递补。

6 项。

项是隶属于款或者条的结构单位，适用于款或者条规定诸多事项的情形，其功能在于区分各类事项，使条款内容层次清晰。项以括号和中文数字依次排列，项与项之间以分号进行分隔。列为项的内容之间通常是并列关系，并共同从属于条或者款。

在条款中采用逐项列举（lists in provisions）的方法，对于强调个别条款（individual points）是有效的。但特别需要注意的是，其误用可能产生疑惑或者意料之外的不明确，让条款产生自相矛盾的解释。①

项的内容不具有相对独立性和完整性，各项的内容只有与列项的叙事内容相联系，才能表达完整的意思。每项的内容包含一类或者一种情形，各项之间应当具有逻辑关系。

（1）项的设置方法，包括择一分项法、合取分项法、并列分项法。

a.择一分项法，即所列举的若干项中，只要具备其中一项的条件或者情形，就可以适用该条或者该款。择一分项法多用于表述需要承担或者追究法律责任的条款等。

［**示例**］本法所称重伤，是指有下列情形之一的伤害：

（一）使人肢体残废或者毁人容貌的；

---

① ［波］克日什托夫·克里登斯、斯坦尼丝洛·哥兹－罗什科夫斯基主编：《语言与法律：国际视角》，黄凤龙、刘远萍译，中国政法大学出版社 2017 年版，第 27 页。

（二）使人丧失听觉、视觉或者其他器官机能的；

（三）其他对于人身健康有重大伤害的。（《刑法》第95条）

b. 合取分项法，即所列举的若干项中，各项条件或者情况应当全部具备，才能适用该条或者该款。合取分项法多用于表述资质、资格条件等。

［**示例**］取得烟草专卖零售许可证，应当具备下列条件：

（一）有与经营烟草制品零售业务相适应的资金；

（二）有固定的经营场所；

（三）符合烟草制品零售点合理布局的要求；

（四）国务院烟草专卖行政主管部门规定的其他条件。（《烟草专卖法实施条例》第9条）

c. 并列分项法，即分项所列事项之间是并行列举关系，不是择一关系，也不是合取关系。并列分项法多用于列举职责、权利、义务、禁止性规定等，或者用于定义、解释条款。

［**示例**］生活垃圾分为以下四类：

（一）可回收物，是指适宜回收和可循环再利用的物品；

（二）餐厨垃圾，是指餐饮垃圾、废弃食用油脂、家庭厨余垃圾以及废弃的蔬菜、瓜果等有机易腐垃圾；

（三）有害垃圾，是指对人体健康或者自然环境造成直接或者潜在危害的物质；

（四）其他垃圾，是指除前三项以外的生活垃圾。（《广州市生活垃圾分类管理条例》第 3 条第 1 款）

（2）如果每项的内容过于简短，应当合并各项，连续表述。

［示例 1］预算收入包括：

（一）税收收入；

（二）依照规定应当上缴的国有资产收益；

（三）专项收入；

（四）其他收入。

预算支出包括：

（一）经济建设支出；

（二）教育、科学、文化、卫生、体育等事业发展支出；

（三）国家管理费用支出；

（四）国防支出；

（五）各项补贴支出；

（六）其他支出。（1994 年《预算法》第 19 条第 2 款、第 3 款）

［示例 2］一般公共预算收入包括各项税收收入、行政事业性收费收入、国有资源（资产）有偿使用收入、转移性收入和其他收入。

一般公共预算支出按照其功能分类，包括一般公共服务支出，外交、公共安全、国防支出，农业、环境保护支出，教育、科技、文化、卫生、体育支出，社会保障及就业支出和其他支出。

一般公共预算支出按照其经济性质分类，包括工资福利支出、商品和服务支出、资本性支出和其他支出。（2014 年《预算法》第 27 条）

［评注］前例每项内容过于简短，如果分项列举，会使形式美感不足。后例不再分项表述，形式紧凑，比前例富有美感。一般地，款、项的设置，意思连贯、具有逻辑关系的内容，应当编排在一款、一项中表述；确有必要分段的，另行列款、分项表述。①

（3）如果法律条文包含三项以上较长内容，使用逻辑联结词造成语句结构复杂的，应当分项表述。

判断是否分款、分项的标准是，如果分列表述的内容包含三项以上，一般应当分款、分项。②

［示例］承运人对运输过程中货物的毁损、灭失承担赔偿责任。但是，承运人证明货物的毁损、灭失是因不可抗力、货物本身的自然性质或者合理损耗以及托运人、收货人的过错造

---

① 参见张越:《立法技术原理》，中国法制出版社 2020 年版，第 244 页。
② 参见张越:《立法技术原理》，中国法制出版社 2020 年版，第 244 页。

成的，不承担赔偿责任。（《民法典》第832条）

[**评注**]"以及"表达并列关系，在逻辑上与联结词"和"相同。对于该条列出的三种免责情形，只需具备其一，承运人即可免责；而不是同时具备三种免责情形，承运人才能免责。因此，在理解和适用该条文时，需将"以及"解释为"或者"。① 在立法起草上，由于第二种免责情形又细分两种情形，并使用"或者"，因此，在第二种免责情形与第三种免责情形之间，如果再使用"或者"，会使语句结构复杂。为了明晰地表述三种免责情形，本条宜使用分项方法：

[**示例**]承运人证明货物的毁损、灭失是由以下原因之一造成的，不承担损害赔偿责任：

（一）不可抗力；

（二）货物本身的自然性质或者合理损耗；

（三）托运人、收货人的过错。

7 目。

目是隶属于项的结构单位，应当以项的存在为前提。法律一般不设置目。但是，如果项的内容层次复杂，仍需细分的，可以在项下设目。目的表述规范与项的表述规范相似。目的顺

---

① 参见张越：《〈民法典〉的立法技术创新与探索》，人民法院出版社2021年版，第146—147页。

序用阿拉伯数字加圆点，依次表述。

[**示例**] 具体行政行为有下列情形之一的，决定撤销、变更或者确认该具体行政行为违法；决定撤销或者确认该具体行政行为违法的，可以责令被申请人在一定期限内重新作出具体行政行为：

1. 主要事实不清、证据不足的；

2. 适用依据错误的；

3. 违反法定程序的；

4. 超越或者滥用职权的；

5. 具体行政行为明显不当的。（2017年《行政复议法》第28条第1款第3项）

[**评注**] 2017年《行政复议法》第28条第1款包含四项内容，由于第3项的内容层次复杂，仍需细分，在项下设目，用阿拉伯数字加圆点，依次表述。

第十章

法律修改表述规范

法律修改是立法的重要形式，应当"把修改法律放在与制定法律同等重要的位置上"①，重视法律修改表述的技术和细节。②

法律修改是维护法制统一原则的必然要求。有些法律规定存在不适应、不一致或者不衔接等现实问题，已然不能适应经济社会发展的需要，损害法律体系的和谐统一，在相当程度上影响到法律的正确适用；因此，对它们进行修改实属必要。③

我国法律的修改主要是采用修正案和修改决定两种形式。其中，《宪法》和《刑法》主要通过修正案形式进行修改。目前，《宪法》已经通过五部修正案，《刑法》已经通过十二部修正案。其他法律，一般通过修改决定形式进行修改。修正案和修改决定的具体修改技术基本相同，主要采用增加、替换、删除等技术。④

10.1 直接修改与间接修改

法律修改分为直接修改与间接修改。直接修改，是指对原

---

① 李鹏：《全国人民代表大会常务委员会工作报告》，载中共中央文献研究室编：《十五大以来重要文献选编》（下），中央文献出版社 2011 年版，第 489 页。
② 参见黄海华：《新时代法律修改的特征、实践和立法技术》，载《中国法律评论》2022 年第 5 期，第 173 页。
③ 参见刘风景：《包裹立法的中国实践》，载《法学》2014 年第 6 期，第 113 页。
④ 参见杨斐：《法律修改研究：原则·模式·技术》，法律出版社 2008 年版，第 282—286 页。

法律内容的增加、替换或者删除。亦即，立法机关对原法律的语词、条款或者段落的增加、替换或者删除，就像用发动机的新零件代替旧零件一样。[①]直接修改是法律修改的主要方式。

间接修改，是指不明确列出被废止法律的名称，而仅概括性地表述被废止的法律。采用的表述方法是："其他有关……的规定，与本法相抵触的，以本法为准。"或者，"其他有关……的规定，与本法相抵触的，同时失效"[②]。间接修改技术能够维护法制统一，并省却对诸多相关法律的修改，从而减少不必要的重复立法、修法，节约立法资源。

［示例］本法自 1983 年 3 月 1 日起施行。1963 年 4 月 10 日国务院公布的《商标管理条例》同时废止；其他有关商标管理的规定，凡与本法抵触的，同时失效。(《商标法》第 73 条第 1 款)

［评注］上述示例，采用了间接修改技术。立法起草人不需明确列出被废止法律的名称，只需概括地说明与本法律相抵触的法律同时失效。

---

① See G. C. Thornton, *Legislative Drafting* (3rd Edition), London Butterworths, 1987, pp.337-338.
② 孙潮：《立法技术学》，浙江人民出版社 1993 年版，第 155—156 页。

10.2 联动修改技术

10.2.1 关联法案应当一并修改

制定或者修改法律，应当同时将关联法律一并修改，以保持法律之间协调一致。联动修改，是指为了保持法律之间协调一致，在制定法律或者修改法律的同时，将与之关联法律的相关条款一并修改。在中国特色社会主义法律体系的建立、完善过程中，法律数量逐步增多，且法律之间存在关联，制定或者修改一部法律通常会涉及相关法律制度的衔接、协调；因此，不可避免地需要法律的联动修改。

联动修改是保持中国特色社会主义法律体系内部协调、统一的有效方法。根据立法实践经验，联动修改主要采用新法制定后联动修改、法律修改后联动修改、同步联动修改等方式。在形式上，联动修改包括打包修改和单个法律修改两种形式；在时间上，联动修改可以与法律制定或者修改工作同时开展，也可以在之后及时进行。①

"在制定新法时，要同时研究考虑与新出台法律不一致、不协调的其他法律或者其他法律中相关条文的修改、废止，力争做到立、改、废同步进行。不能同步进行的，在法律出台之

---

① 黄海华：《新时代法律修改的特征、实践和立法技术》，载《中国法律评论》2022 年第 5 期，第 178 页。

后，也应及时对相关法律规定进行修改、废止，防止出现新的不一致、不协调等问题。"①在立法起草过程中，起草单位就应当对关联法律予以研究，及时提出修改关联法律的具体建议。在必要的时候，立法机关应当及时提出或者及时督促起草单位提出联动修改意见。采用联动修改，可以在修改决定中明确规定相关法律的具体修改内容。

[**示例**]《人民法院组织法》第三十五条第二款、《人民检察院组织法》第二十二条第一款按照本决定进行相应修改。（1986年《全国人民代表大会常务委员会关于修改〈中华人民共和国地方各级人民代表大会和地方各级人民政府组织法〉的决定》附录内容）

10.2.2 联动修改应当遵循立法起草的黄金法则

联动修改应当确保相关内容同步修改，遵循立法起草的黄金法则。确保相关内容同步修改，避免遗漏。根据立法起草的黄金法则，使用相同语词表达相同含义，不同语词表达不同含义；避免使用相同语词表述不同含义，不同语词表述相同含义。法律修改同样应当遵循立法起草的黄金法则。如果对法

---

① 李适时：《为完善中国特色社会主义法律体系而不懈努力》，载全国人大常委会法制工作委员会组织编写：《中国特色社会主义法律体系学习读本》，新华出版社2011年版，第70页。参见刘风景：《包裹立法的中国实践》，载《法学》2014年第6期，第115页。

律的某一内容作出修改，同一部法律的其他相关内容，也应当同步作出修改。比如，《刑法》第 114 条和第 115 条的"投毒"修改为"投放毒害性、放射性、传染病病原体等物质"，《刑法》其他条文中的"投毒"，应当同步修改为"投放毒害性、放射性、传染病病原体等物质"。此外，为了确保不同法律之间的协调、统一，其他法律的相关内容，也应当适时协同修改。

10.3 打包修改技术

打包修改是指，基于共同立法目的，通过增加、替换、删除等表述方式，运用一个法律案同时修改多部法律的修改技术。[①] 打包修改技术同时涉及多部法律的修改，是实现法制统一的有效手段。运用打包修改技术，有助于处理不同法律文本之间的矛盾、冲突，切实贯彻社会主义法制统一原则。提高立法质量是立法工作的永恒主题，在保障立法质量的同时，应当进一步提高立法效率。[②] 打包修改技术能够有效提高立法效率。

打包修改技术，是中央立法机关近年来修法常用的方法。

[①] 参见刘风景：《包裹立法的中国实践》，载《法学》2014 年第 6 期，第 110 页。
[②] 许安标：《深入学习领会习近平总书记关于科学立法的重要思想 不断加强改进立法工作》，载《习近平法治思想研究与实践》2021 年第 1 期。参见黄海华：《新时代法律修改的特征、实践和立法技术》，载《中国法律评论》2022 年第 5 期，第 174 页。

比如，2012 年《刑事诉讼法》修改后，《监狱法》等七部法律的个别条款，与修改后的《刑事诉讼法》相关规定不一致。因此，应当及时对相关法律进行修改。为了保持法律相关条款之间的衔接、协调，有必要在《全国人民代表大会关于修改〈中华人民共和国刑事诉讼法〉的决定》施行之前，对上述七部法律的相关条款作出相应修改。为了与《刑事诉讼法》相衔接、协调，第十一届全国人大常委会第二十九次会议分别通过关于修改《监狱法》等七部法律的决定。[①] 而且，地方立法机关也采用打包修改方法。[②]

10.3.1 打包修改技术的适用前提

打包修改的适用前提是，基于同一理由、实现同一目的，两部以上法律一并修改。

［示例1］全国人民代表大会常务委员会关于修改《中华人民共和国建筑法》等八部法律的决定

［示例2］全国人民代表大会常务委员会关于修改《中华人民共和国文物保护法》等十二部法律的决定

［评注］第 1 例中，为了营造法治化、国际化、便利化的

---

① 黄海华：《新时代法律修改的特征、实践和立法技术》，载《中国法律评论》2022 年第 5 期，第 176 页。

② 比如，2020 年 11 月 27 日，浙江省第十三届人民代表大会常务委员会通过《关于修改〈浙江省大气污染防治条例〉等六件地方性法规的决定》。

营商环境，配合《外商投资法》实施，立法机关对《建筑法》等八部法律进行打包修改。第 2 例中，全国人大常委会表决通过《关于修改〈中华人民共和国文物保护法〉等十二部法律的决定》，运用一揽子方式修改相关法律，取消和下放部分法律设定的行政审批事项。

10.3.2 打包修改决定的表述技术

1 打包修改决定的标题。

如前所述，标题是法律文本的重要组成部分，应当具体、明确，不能过于笼统、模糊。打包修改决定的标题，同样应当具体、明确。

（1）如果被修改法律的数量不超过三部，修改决定的标题应当全部列出被修改法律名称。

［**示例**］全国人民代表大会常务委员会关于修改《中华人民共和国地方各级人民代表大会和地方各级人民政府组织法》、《中华人民共和国全国人民代表大会和地方各级人民代表大会选举法》、《中华人民共和国全国人民代表大会和地方各级人民代表大会代表法》的决定

（2）如果被修改法律的数量超过三部，修改决定的标题只列出一部被修改法律名称，并使用"等 × 部（件）法律"的表述方式。其中，"×"表示被修改法律的数量，使用汉字数字，不使用阿拉伯数字。

［**示例1**］全国人民代表大会常务委员会关于修改《中华人民共和国建筑法》等八部法律的决定

［**示例2**］浙江省人民代表大会常务委员会关于修改《浙江省促进科技成果转化条例》等七件地方性法规的决定

值得注意的是，打包修改实践中，有的打包修改决定，其标题并不具体、明确。

［**示例**］全国人民代表大会常务委员会关于修改部分法律的决定

［**评注**］上述示例涉及多部法律的修改。但是，该打包修改决定的标题，既未明确被修改法律名称，也未揭示被修改法律数量。如果打包修改决定的标题都采用这一表述方式，那么其他打包修改决定的标题就不具有区分性。为了提高打包修改技术规范化水平，该打包修改决定的标题宜使用第（2）种表述方式。

2 打包修改决定应当设置目的条款。

由于打包修改是基于共同立法目的，因此，打包修改决定应当设置目的条款。①

［**示例**］为了依法推进行政审批制度改革和政府职能转变，

----

① 参见刘风景：《包裹立法的中国实践》，载《法学》2014年第6期，第117页。

发挥好地方政府贴近基层的优势，促进和保障政府管理由事前审批更多地转为事中事后监管，进一步激发市场、社会的创造活力，根据……，国务院对取消和下放的 125 项行政审批项目涉及的行政法规进行了清理。经过清理，国务院决定：对 16 部行政法规的部分条款予以修改。(《国务院关于修改部分行政法规的决定》)

［**评注**］上述示例，通过设置目的条款，阐明打包修改决定的立法目的，是科学合理的。类似地，其他打包修改决定也应当设置目的条款。例如，全国人大常委会表决通过《关于修改〈中华人民共和国文物保护法〉等十二部法律的决定》，其共同立法目的是，依法推进行政审批制度改革和转变政府职能。[①] 这一立法目的，应当在打包修改决定中予以阐明。

3 打包修改决定的结构和表述方式。

打包修改法律决定应当分条表述；被打包修改的数部法律，一部作为一条，每条设置名称。[②] 如果一部法律修改的内容较多，可以再分层次进行表述："（一）……""（二）……"……。每一层次直接对应具体修改内容。

---

① 参见刘风景：《包裹立法的中国实践》，载《法学》2014 年第 6 期，第 113 页。
② 黄海华：《新时代法律修改的特征、实践和立法技术》，载《中国法律评论》2022 年第 5 期，第 181 页。

［**示例**］一、对《中华人民共和国文物保护法》作出修改

（一）将第二十五条第二款修改为："非国有不可移动文物转让、抵押或者改变用途的，应当根据其级别报相应的文物行政部门备案。"

（二）将第五十六条第二款修改为："拍卖企业拍卖的文物，在拍卖前应当经省、自治区、直辖市人民政府文物行政部门审核，并报国务院文物行政部门备案。"

二、对《中华人民共和国草原法》作出修改

……（《全国人民代表大会常务委员会关于修改〈中华人民共和国文物保护法〉等十二部法律的决定》）

［**评注**］上述示例，打包修改决定包括十二部法律的修改，每一部设置一条，条标题统一表述为"对《……法》作出修改"。由于第一部法律《文物保护法》涉及两个条文的修改，再使用（一）（二）进行分层表述。

10.3.3 打包修改的重新公布

打包修改决定应当规定，被修改法律根据本决定作相应修改，重新公布。

［**示例**］《中华人民共和国电力法》《中华人民共和国高等教育法》《中华人民共和国港口法》《中华人民共和国企业所得税法》根据本决定作相应修改，重新公布。（《全国人民代表大会常务委员会关于修改〈中华人民共和国电力法〉等四部法律的决定》）

［**评注**］上述示例，修改决定专门规定重新公布事项。需要注意的是，应当全部列出被修改法律名称，并使用法律全称。

10.4 替换型修改

10.4.1 遵守法律条文的表述规则

法律修改的表述，应当遵守法律条文的表述规则。法律修改的表述，实质上与法律条文的表述是一致的，因此，同样应当遵守法律条文的表述规则。《联合指南》18.12. 规定，修正案应当与原法案统一、协调，确保修正案与原法案的结构、术语保持一致性。①

10.4.2 根据具体情况确定引号使用方式

法律修改的表述，应当根据具体情况确定引号使用方式。

1 如果引用内容是完整的条、款，条、款末尾的标点应当标在引号之内。

［**示例1**］将刑法第三百零二条修改为："盗窃、侮辱、故意毁坏尸体、尸骨、骨灰的，处三年以下有期徒刑、拘役或者管制。"（《刑法修正案（九）》第 34 条）

---

① ［波］克日什托夫·克里登斯、斯坦尼丝洛·哥兹－罗什科夫斯基主编：《语言与法律：国际视角》，黄凤龙、刘远萍译，中国政法大学出版社 2017 年版，第 69 页。

［**示例2**］将第十一条修改为："审计机关履行职责所必需的经费，应当列入预算予以保证。"（2021年《全国人民代表大会常务委员会关于修改〈中华人民共和国审计法〉的决定》第3条）

［**示例3**］将第三十五条修改为："国家允许设立从事音像制品发行业务的中外合作经营企业。"（2011年《国务院关于修改〈音像制品管理条例〉的决定》第13条）

［**评注**］将修改后完整的条、款，使用引号标注，末尾标点标在引号内。比如上述示例，引用修改后完整的条、款，将末尾标点标在引号内。

2 如果引用内容是法律条文的局部，或者是名词、短语，在引号内引用部分的末尾不加标点；但是，应当在引号外的句末加注标点。

［**示例1**］将第八条第一款第二项中的"区、县或者浦东新区"修改为"区"。（2018年《上海市人民政府关于修改〈上海市外商投资企业土地使用管理办法〉的决定》第6条）

［**示例2**］将第十五条第二款中的"贫困地区"修改为"欠发达地区"。（2021年《全国人民代表大会常务委员会关于修改〈中华人民共和国人口与计划生育法〉的决定》第3条）

［**评注**］对法律条文的局部修改，先引用条文被修改的局部内容，再引用修改后的内容，在最后一个引号外的句末加注

标点。

值得注意的是，对于被修改的局部、名词或者短语，直接引用；对于无须修改、不引用的内容，不使用省略号。

［示例］将第四条中"……应急管理（消防）"修改为"……应急管理、消防"。（2022年《芜湖市人民政府办公室关于修改〈芜湖市既有住宅增设电梯办法（试行）〉的决定》第2条）

［评注］本例中，对于被修改的内容"应急管理（消防）"，应当直接引用；无须修改、不引用的内容，不使用省略号。

3 如果引用内容是分款、分项的条文，每款、每项的前面用前引号，后面不用后引号；但是，应当在最后一款或者项的句末使用后引号。

［示例1］增加一条，作为第七条："本法第六条规定的机构应当在其网站首页显著位置使用国徽图案。

"网站使用的国徽图案标准版本在中国人大网和中国政府网上发布。"（2020年《全国人民代表大会常务委员会关于修改〈中华人民共和国国徽法〉的决定》第5条）

［示例2］将第六十四条改为第六十三条，修改为："国家加强种业公益性基础设施建设，保障育种科研设施用地合理需求。

"对优势种子繁育基地内的耕地，划入永久基本农田。优势种子繁育基地由国务院农业农村主管部门商所在省、自治区、直辖市人民政府确定。"（2021 年《全国人民代表大会常务委员会关于修改〈中华人民共和国种子法〉的决定》第 11 条）

［评注］使用引号标注修改后分款、分项的法律条文，每款、每项的前面使用前引号，只在最后一款后面使用后引号。例如，《全国人民代表大会常务委员会关于修改〈中华人民共和国国徽法〉的决定》第 5 条包括两款，在每款前面使用前引号，只在第 2 款句末使用后引号。

10.5 增加型修改

10.5.1 合理编排新增条文的位置和顺序

根据法律内容和条文之间的逻辑关系，合理编排新增条文的位置和顺序。

1 对于内容较少的法律，增加新的条文，应当根据新增条文与其他条文的内在逻辑，重新排列条文的顺序。

［示例］增加一条，作为第八条："立法应当倡导和弘扬社会主义核心价值观，坚持依法治国和以德治国相结合，铸牢中华民族共同体意识，推动社会主义精神文明建设。"（2023 年《全国人民代表大会关于修改〈中华人民共和国立法法〉的决定》第 4 条）

［评注］如果法律内容较少，增加新的条文之后，其他条

文的顺序宜根据具体情况作出相应调整。比如，2023年《全国人民代表大会关于修改〈中华人民共和国立法法〉的决定》新增多个条文，并对多个条文的顺序作出调整。譬如，该决定第二条规定："将第四条改为第五条"；第三条规定："将第五条改为第六条"。

2 对于内容较多、相对完善的法律，如果增加新的条文，为了保持法律原有条文的顺序，采用"第××条之一""第××条之二"等表述方式[①]，把新增的条编排在适当条文之后。

"第××条之一"不是前一条的附属部分，而是独立条文。采用"第××条之一"这类表述方式，有助于维持法律原有条文的稳定性。美国立法例对新增条文的编号也采用类似表述方式，就是对原法案中新增条文的前一条文序号增加字母。譬如，在原法案第14条与第15条之间新增一个条文，其编码为14A。[②]

［**示例1**］在刑法第二百一十九条后增加一条，作为第二百一十九条之一："为境外的机构、组织、人员窃取、刺探、

---

① 我国台湾地区"中央法规标准法"第10条第2款规定：修正法规增加少数条文时，得将增加之条文，列在适当条文之后，冠以前条"之一""之二"等条次。参见孙潮：《立法技术学》，浙江人民出版社1993年版，第266页。

② 参见［美］安·赛德曼、罗伯特·鲍勃·赛德曼、那林·阿比斯卡：《立法学：理论与实践》，刘国富等译，中国经济出版社2008年版，第448页。

收买、非法提供商业秘密的，处五年以下有期徒刑，并处或者单处罚金；情节严重的，处五年以上有期徒刑，并处罚金。"（《刑法修正案（十一）》第23条）

［示例2］第二百六十二条……

第二百六十二条之一　以暴力、胁迫手段组织残疾人或者不满十四周岁的未成年人乞讨的，处三年以下有期徒刑或者拘役，并处罚金；情节严重的，处三年以上七年以下有期徒刑，并处罚金。（《刑法》第262条之一）

［示例3］第二百九十九条……

第二百九十九条之一　侮辱、诽谤或者以其他方式侵害英雄烈士的名誉、荣誉，损害社会公共利益，情节严重的，处三年以下有期徒刑、拘役、管制或者剥夺政治权利。（《刑法》第299条之一）

［评注］增加新的条文，采用"第××条之一""第××条之二"等表述方式，编排在适当条文之后，从而保持法律原有条文的顺序。

10.5.2 新增"款""项"的逻辑编排

法律新增"款""项"的，按照内在逻辑编排在合适位置，原有序号依次按照顺序调整。直接在法律原有"款""项"之后，新增"款""项"，按照基数顺序递增。

［示例1］将第一百六十条改为第一百六十二条，增加一

款，作为第二款："犯罪嫌疑人自愿认罪的，应当记录在案，随案移送，并在起诉意见书中写明有关情况。"（2018年《全国人民代表大会常务委员会关于修改〈中华人民共和国刑事诉讼法〉的决定》第11条）

［**示例2**］增加一款，作为第四款："全国人民代表大会可以授权全国人民代表大会常务委员会制定相关法律。"（2023年《全国人民代表大会关于修改〈中华人民共和国立法法〉的决定》第6条第2款）

［**示例3**］宪法第六十三条"全国人民代表大会有权罢免下列人员"中增加一项，作为第四项"（四）国家监察委员会主任"，第四项、第五项相应改为第五项、第六项。（2018年《宪法修正案》第42条）

［**示例4**］将第十七条改为第十八条，增加一项，作为第三项："组织制定并实施本单位安全生产教育和培训计划"。（2014年《全国人民代表大会常务委员会关于修改〈中华人民共和国安全生产法〉的决定》第8条）

［**评注**］新增的款、项直接按照基数顺序递增。上述示例，新增的款、项，直接在原有款、项之后，按照基数顺序递增。

此外，根据我国立法实践，法律修改也有"节"的增加。

［**示例**］宪法第三章"国家机构"中增加一节，作为第七节"监察委员会"；增加五条，分别作为第一百二十三条至第

一百二十七条。内容如下：

第七节　监察委员会

第一百二十三条　中华人民共和国各级监察委员会是国家的监察机关。

……（2018 年《宪法修正案》第 52 条）

［评注］2017 年 1 月，《第十八届中央纪律检查委员会第七次全体会议上的工作报告》提出，将在十三届全国人大一次会议审议通过国家监察法、设立中华人民共和国国家监察委员会。2018 年 3 月通过的《宪法修正案》，专门规定监察委员会的相关内容。由于监察委员会与人民法院、人民检察院是并列的国家机关，因此，在"人民法院和人民检察院"这节之前，单独新增一节作为第七节。

10.5.3 新增的条、款的引用

对于新增的条、款，使用引号，且条款末尾的句号标在引号之内。

［示例 1］在刑法第二百七十七条中增加一款作为第五款："暴力袭击正在依法执行职务的人民警察的，依照第一款的规定从重处罚。"（《刑法修正案（九）》第 21 条）

［示例 2］增加一条，作为第一百六十七条："人民法院适用小额诉讼的程序审理案件，可以一次开庭审结并且当庭宣判。"（2021 年《全国人民代表大会常务委员会关于修改〈中华

人民共和国民事诉讼法〉的决定》第 11 条）

［**示例 3**］增加一条，作为第八条："立法应当倡导和弘扬社会主义核心价值观，坚持依法治国和以德治国相结合，铸牢中华民族共同体意识，推动社会主义精神文明建设。"（2023 年《全国人民代表大会关于修改〈中华人民共和国立法法〉的决定》第 4 条）

［**评注**］上述示例，对于新增的条、款，使用引号；并且，条、款末尾的句号标在引号之内。

10.5.4 新增的项的引用

对于新增的项，使用引号，项的末尾的句号标在引号之外，引号内句末不使用标点。

［**示例**］增加一项，作为第十项："（十）听取和审议备案审查工作情况报告"。（2022 年《全国人民代表大会关于修改〈中华人民共和国地方各级人民代表大会和地方各级人民政府组织法〉的决定》第 24 条）

［**评注**］上述示例，对于新增的项，使用引号；并且，项末尾的句号标在引号之外，引号内句末不使用标点。

10.6 废除型修改

10.6.1 "条"的删去

对于相对完善、条文较多的法律，删除"条"的，为了避免其他"条"的编码发生变动,应当保留原有"条"的编码,并在对应位置注明"(删去)"。

[**示例1**] 第一百九十九条(删去)① (《刑法》第199条)

[**示例2**] 第65条(废除)② (《德国刑法典》第65条)

[**示例3**] 第106条a(废除)③ (《德国刑法典》第106条a)

[**示例4**] 第115条~第119条(废除)④ (《德国刑法典》第115条~第119条)

[**评注**] 如果法律相对完善、内容较多,删除法律条文时,应当保留该条文的原有编码,并在对应位置注明"(删去)"。在我国台湾地区,按照"中央法规标准法"第10条第1项规定:修正法规废止少数条文时,得保留所废条文之条次,并于其下加括号,注明"删除"字样。⑤ 而且,国外也有类似立法例,比如《德国刑法典》删除"第65条""第106条a""第115条~第119条",并在相应位置注明"(废除)"。

第1例中,1997年《刑法》第199条是规定金融诈骗罪

---

① 《刑法修正案(九)》第12条规定:"删去刑法第一百九十九条。"
② 《德国刑法典》,徐久生、庄敬华译,中国方正出版社2004年版,第27页。
③ 《德国刑法典》,徐久生、庄敬华译,中国方正出版社2004年版,第64页。
④ 《德国刑法典》,徐久生、庄敬华译,中国方正出版社2004年版,第71页。
⑤ 罗传贤:《立法程序与技术》(增订三版),五南图书出版公司2002年版,第370页。
参见杨斐:《法律修改研究:原则·模式·技术》,法律出版社2008年版,第270页。

死刑的条款，但是随着逐步减少适用死刑罪名，《刑法修正案（九）》删除该条文的全部内容。于是，《刑法》原第 199 条就变成没有内容的"空白条款"。[①] 由于《刑法》第 199 条已被删除，官方公布的法律宜保留该条文的原有编码"第一百九十九条"，并在对应位置注明"（删去）"。第 2 例、第 3 例中，对于废除的条文，《德国刑法典》保留原有条文的编码，并使用圆括号注明"废除"。

10.6.2 "款""项"的删去

对于相对完善、条文较多的法律，删除"款""项"的，为了避免其他"款""项"的编码发生变动，应当保留原有"款""项"的编码，并在对应位置注明"（删去）"。

［**示例**］第六十八条　犯罪分子有揭发他人犯罪行为，查证属实的，或者提供重要线索，从而得以侦破其他案件等立功表现的，可以从轻或者减轻处罚；有重大立功表现的，可以减轻或者免除处罚。(《刑法》第 68 条第 1 款)[《刑法》第 68 条第 2 款（删去）]

［**评注**］对于相对完善、条文繁多的法律，款、项的废除，宜保留原编码，并在被废除的相应位置，标注"（删去）"字

---

① 　参见陈兴良:《刑法修正案的立法方式考察》，载《法商研究》2016 年第 3 期，第 6 页。

样。上述示例中，删去《刑法》第68条第2款之后①，第68条第1款成为独立的"条"，编码发生明显变化，不利于法条的检索、适用。因此，应当在相应位置保留原编码，并注明"（删去）"。

10.6.3 简单法律条、款、项的废除

对于条文较少的法律，条、款、项的废除，可以直接删去，并调整其他条、款、项的序号。

［示例1］删去第一百条。（2015年《全国人民代表大会常务委员会关于修改〈中华人民共和国药品管理法〉的决定》第5条）

［示例2］删去第十条第三项。第四项改为第三项，修改为："（三）会议期间代表提出议案的截止时间"。（2021年《全国人民代表大会关于修改〈中华人民共和国全国人民代表大会议事规则〉的决定》第3条）

［评注］如果法律的条文较少，条、款、项的废除，不需保留原有编号，可以直接删去，并调整其他条款的序号，重新公布。

---

① 《刑法修正案（八）》第9条规定："删去刑法第六十八条第二款。"

10.7 法律修改表述的明确性

结合立法实践，立法起草人通常在完整地增加或者删除条、款、项时，才明确使用"增加"或者"删去"等表述。但是，在增加或者删除条、款、项的具体语词、短语、标点等细节时，却不使用"增加"或者"删去"，而是采用"将……修改为……"的表述方式，造成大部分未被修改内容的重复表述。

［示例1］宪法第二十七条增加一款，作为第三款："国家工作人员就职时应当依照法律规定公开进行宪法宣誓。"（2018年《宪法修正案》第40条）

［示例2］删去刑法第一百九十九条。（《刑法修正案（九）》第12条）

［示例3］删去第十五条、第十六条、第十七条中的"及复印件"。（2022年《交通运输部关于修改〈道路运输从业人员管理规定〉的决定》第8条）

［示例4］将第八条改为第十一条，第二项修改为："（二）各级人民代表大会、人民政府、监察委员会、人民法院和人民检察院的产生、组织和职权"。（2023年《全国人民代表大会关于修改〈中华人民共和国立法法〉的决定》第7条第1款）

［评注］"将……修改为……"这一表述方式，事实上是对

"增加""替换""删除"等具体修改方法的概括，具有一定模糊性，未能直观地呈现"增加""替换""删除"等具体修改方法。只有通过比对，才能发现修正案或者修改决定对原法律作出增加、替换或者删除的具体内容。因此，修正案或者修改决定不宜采用"将……修改为……"这一表述方式。①

［示例］第二条　本宪法第三条作如下修改：

（一）用句号代替出现在该条第（二）款第十行和第（三）款第十五行中的"巴巴多斯公民"一词后面的冒号，并删去那些条款中的但书。

（二）删去出现在该条第（四）款的但书中的"二十一岁"，代之以"十八岁"一词。(《巴巴多斯宪法修正案》第2条第1项、第2项②)

［评注］《巴巴多斯宪法修正案》的表述方法，不需将修正案与原宪法对照，就能直观地发现修正案对原法律作出增加、替换、删除的具体内容，富有明确性、简洁性，值得借鉴。

特别需要指出的是，我国也有直观地呈现增加、替换、删除具体内容的立法例。

---

① 参见杨斐：《法律修改研究：原则·模式·技术》，法律出版社2008年版，第280页。
② 参见姜士林等主编：《世界宪法全书》，青岛出版社1997年版，第1303页；杨斐：《法律修改研究：原则·模式·技术》，法律出版社2008年版，第272页。

［**示例 1**］条例中的"水利局"，均修改为"水务局"；"交通行政管理部门"，均修改为"航道行政管理部门"。（2003 年《上海市人民代表大会常务委员会关于修改〈上海市河道管理条例〉的决定》第 4 条）

［**示例 2**］将第五十六条改为第五十七条，删去该条第二项中的"或者港口理货业务经营许可"、第三项中的"港口理货业务经营人"、第四项中的"港口理货"。（《全国人民代表大会常务委员会关于修改〈中华人民共和国电力法〉等四部法律的决定》第 3 条第 4 项）

［**评注**］运用计算机技术，通过对法律文本进行全文查找，将拟修改内容逐一替换为被修改的语词等内容。这一修改方法，是便捷、高效、准确的。特别值得注意的是，运用查找替换技术，应当确保法律对相关概念使用了相同语词。

10.8 条码编排技术

高质量的法律，应当是良善的规则内容和科学的表现形式的有机统一。法律条文的增加、删除、易位，势必涉及条文编码的编排。立法起草人应当合理编排条文编码，确保法律文本结构的科学化。[①] 条码编排技术分为条码重新编排技术和原有条码保留技术。

10.8.1 条码重新编排技术

条码重新编排，是指重新依次编排条码。比如，《宪法》《立法法》《刑事诉讼法》等法律的修改，都是采用的条码重新编排技术，此乃法律修改后编排条码的常见方法。重新编排技术的优点是，修改后的新法律文本各条之间逻辑连贯，富有形式美。

重新编排技术有两点明显缺陷：一是，重新编码会造成准用性规范与被准用性规范之间[②]不能相互对应，引起被修改法律其他条款、其他相关法律的"连锁修法"，增加修法成本；二是，重新编码会扰乱法律人的"共同记忆"和话语基础。[③]法条编码具有指代功能。对于常用法条，法律人通常以条码指代法条内容。比如，刑法学家以"第三条"指代罪刑法定原则，以"第一百三十三条之一"指代危险驾驶罪。如果法条编

[①] 卞建林、孔祥伟：《论刑事诉讼法的修法技术——由 2018 年〈刑事诉讼法〉再修改展开》，载《法学》2020 年第 6 期，第 12 页。
[②] 准用性规范，是指法律文本没有明确规定某一具体行为，但是明确地准许适用某一规范的法律规范。参见葛洪义主编：《法理学》，中国政法大学出版社 2012 年版，第 267 页。
[③] 卞建林、孔祥伟：《论刑事诉讼法的修法技术——由 2018 年〈刑事诉讼法〉再修改展开》，载《法学》2020 年第 6 期，第 13—14 页。

码因重排而变动，势必扰乱法律人的"共同记忆"和话语基础。法律修改之前的法学文献、法律文书等智慧成果，也会因新法律编码变动而影响阅读、交流。

10.8.2 原有条码保留技术

原有条码保留技术的明显优势，是能够保持已有法律编码和法律文本结构的稳定性。特别是对于准用性规范，能够最大限度保持准用性规范与被准用性规范之间的对应关系。但是，其缺陷是会影响法律的连贯性，削弱法律的形式美。特别是经过多次修改，法律文本看起来鹑衣百结。此外，增加或者删除编、章、节、条、款、项，除了削弱形式美之外，还可能造成法律文本结构失衡，影响其逻辑性、协调性。

10.8.3 条码编排技术选择标准

法律文本结构、内容的完善程度及修改幅度，是采用何种条码编排技术的重要考量标准。

1 如果法律文本结构、内容尚不完善，需要对多数条文进行大幅修改，或者需要增加、删除编、章、节，采用条码重新编排技术。

2 如果法律文本结构、内容相对完善，对于少量条、款、项的增加或者删除，采用原有条码保留技术。

参考文献

一、专著

《毛泽东文集》（第七卷），人民出版社 1999 年版。

《习近平著作选读》（第一卷），人民出版社 2023 年版。

全国人大常委会法制工作委员会供稿：《全国人大常委会法制工作委员会立法技术规范》，中国民主法制出版社 2024 年版。

张军：《非公有制经济刑法规制与保护论纲》，中国人民公安大学出版社 2007 年版。

王利明：《法学方法论》，中国人民大学出版社 2011 年版。

周道鸾、单长宗、张泗汉主编：《刑法的修改与适用》，人民法院出版社 1997 年版。

王利明：《法律解释学导论——以民法为视角》，法律出版社 2021 年版。

张越：《立法技术原理》，中国法制出版社 2020 年版。

高铭暄：《中华人民共和国刑法的孕育诞生和发展完善》，北京大学出版社 2012 年版。

张越：《〈民法典〉的立法技术创新与探索》，人民法院出版社 2021 年版。

周祖成主编：《立法学》，中国法制出版社 2022 年版。

张军主编：《刑法［分则］及配套规定新释新解》（第九版）（上），

人民法院出版社 2016 年版。

张明楷:《刑法分则的解释原理》(第二版), 中国人民大学出版社 2011 年版。

梁慧星:《裁判的方法》(第四版), 法律出版社 2021 年版。

朱景松主编:《现代汉语虚词词典》, 语文出版社 2007 年版。

中共中央文献研究室编:《十八大以来重要文献选编》(上), 中央文献出版社 2014 年版。

丁声树等:《现代汉语语法讲话》, 商务印书馆 2009 年版。

《毛泽东文集》(第六卷), 人民出版社 1999 年版。

高铭暄、马克昌主编:《刑法学》(第六版), 北京大学出版社、高等教育出版社 2014 年版。

罗传贤:《立法程序与技术》(增订四版), 五南图书出版公司 2005 年版。

郭锋等:《中华人民共和国证券法制度精义与条文评注》, 中国法制出版社 2020 年版。

龚启荣主著:《客体逻辑导引》, 人民日报出版社 2011 年版。

朱力宇、叶传星主编:《立法学》, 中国人民大学出版社 2015 年版。

张明楷:《刑法学》(第五版), 法律出版社 2016 年版。

刘月华等:《实用现代汉语语法》(增订本), 商务印书馆 2001 年版。

张军、姜伟、田文昌:《新控辩审三人谈》, 北京大学出版社 2014 年版。

兰宾汉:《标点符号用法手册》, 商务印书馆国际有限公司 2015 年版。

中国标准出版社编：《标点符号、数字、拼音用法标准》，中国标准出版社 2014 年版。

杨权编著：《出版物标点符号用法规范》，重庆出版社 2007 年版。

苏培成：《标点符号实用手册》（修订本），语文出版社 1999 年版。

王爱立主编：《中华人民共和国刑法释义与适用》，中国民主法制出版社 2021 年版。

李立众编：《刑法一本通》（第十一版），法律出版社 2015 年版。

中国法制出版社编：《中华人民共和国民法典：大字版》，中国法制出版社 2020 年版。

王作富主编：《刑法》（第六版），中国人民大学出版社 2016 年版。

王瑞贺、李春良主编：《〈中华人民共和国湿地保护法〉释义》，中国民主法制出版社 2022 年版。

杨斐：《法律修改研究：原则·模式·技术》，法律出版社 2008 年版。

中共中央文献研究室编：《十五大以来重要文献选编》（下），中央文献出版社 2011 年版。

孙潮：《立法技术学》，浙江人民出版社 1993 年版。

武增主编：《〈中华人民共和国地方各级人民代表大会和地方各级人民政府组织法〉导读与释义》，中国民主法制出版社 2022 年版。

姜士林等主编：《世界宪法全书》，青岛出版社 1997 年版。

葛洪义主编：《法理学》，中国政法大学出版社 2012 年版。

吕叔湘：《汉语语法分析问题》，商务印书馆 2005 年版。

二、译著

［波］克日什托夫·克里登斯、斯坦尼丝洛·哥兹－罗什科夫斯基主编:《语言与法律:国际视角》,黄凤龙、刘远萍译,中国政法大学出版社 2017 年版。

［美］杰克·戴维斯:《立法法律与程序》,姜廷惠译,商务印书馆2022 年版。

［美］保罗·蒂德曼、霍华德·卡哈尼:《逻辑与哲学:现代逻辑导论》(第九版),张建军、张燕京等译,中国人民大学出版社 2017 年版。

［英］安东尼·C.格雷林:《哲学逻辑导论》(第三版),廉博实译,新华出版社 2021 年版。

［美］安·赛德曼、罗伯特·鲍勃·赛德曼、那林·阿比斯卡:《立法学:理论与实践》,刘国福等译,中国经济出版社 2008 年版。

［希腊］［英］海伦·赞塔基:《立法起草:规制规则的艺术与技术》,姜孝贤译,法律出版社 2022 年版。

［美］理查德·波斯纳:《波斯纳法官司法反思录》,苏力译,北京大学出版社 2014 年版。

［美］托马斯·R.哈格德:《法律写作》(英文版),法律出版社2003 年版。

［美］罗伯特·所罗门、凯思林·希金斯:《大问题:简明哲学导论》(第十版),张卜天译,清华大学出版社 2018 年版。

［美］帕特里克·J.赫尔利:《逻辑学基础》,郑伟平、刘新文译,中国轻工业出版社 2017 年版。

［美］罗纳德·芒森、安德鲁·布莱克:《推理的要素》(第七版),孔红译,中国轻工业出版社 2018 年版。

［美］布鲁克·诺埃尔·摩尔、理查德·帕克:《批判性思维》(原书第十二版),朱素梅译,机械工业出版社 2021 年版。

［美］汉密尔顿、杰伊、麦迪逊：《联邦党人文集》，程逢如、在汉、舒逊译，商务印书馆 1980 年版。

［德］乌尔里希·克卢格：《法律逻辑》，雷磊译，法律出版社 2016 年版。

［美］斯蒂芬·雷曼：《逻辑的力量》(第三版)，杨武金译，中国人民大学出版社 2010 年版。

《德国刑法典》，徐久生、庄敬华译，中国方正出版社 2004 年版。

美国法学会编：《美国模范刑法典及其评注》，刘仁文等译，法律出版社 2005 年版。

［英］郑乐隽：《逻辑的力量》，杜娟译，中信出版集团 2019 年版。

［美］布莱恩·A. 加纳：《加纳谈法律文书写作》，刘鹏飞、张玉荣译，知识产权出版社 2005 年版。

三、报纸、论文

董坤：《刑事诉讼法用语的同一性与相对性》，载《法学评论》2023 年第 1 期。

蔡道通：《论刑法的冲突与协调——以刑法第 17 条第 2 款为例的分析》，载戴玉忠、刘明祥主编：《和谐社会语境下刑法机制的协调》，中国检察出版社 2008 年版。

姚树举：《从刑法修正案（九）看死刑立法技术》，载《法制日报》2015 年 11 月 11 日，第 10 版。

姚树举：《重视立法表达 提高立法质量》，载《学习时报》2020 年 10 月 28 日，第 2 版。

汪全胜、张鹏：《法律文本中"定义条款"的设置论析》，载《东方法学》2013 年第 2 期。

张明楷：《刑事立法的发展方向》，载《中国法学》2006 年第 4 期。

吕国学：《"及、以及、及其、及其他"辨析》，载《语文知识》2005 年第 9 期。

许安标：《法律语言要深耕》，载《人大研究》2009 年第 1 期。

黄海华：《新时代法律修改的特征、实践和立法技术》，载《中国法律评论》2022 年第 5 期。

刘风景：《法条标题设置的理据与技术》，载《政治与法律》2014 年第 1 期。

李德龙：《中国古代法典条标的设置及其当代借鉴》，载《人民法院报》2022 年 3 月 4 日，第 5 版。

张文、刘艳红：《罪名立法模式论要》，载《中国法学》1999 年第 4 期。

刘风景：《立法目的条款之法理基础及表述技术》，载《法商研究》2013 年第 3 期。

陈兴良：《刑法教义学中的目的解释》，载《现代法学》2023 年第 3 期。

解志勇：《卫生法基本原则论要》，载《比较法研究》2019 年第 3 期。

刘风景：《包裹立法的中国实践》，载《法学》2014 年第 6 期。

陈兴良：《刑法修正案的立法方式考察》，载《法商研究》2016 年第 3 期。

卞建林、孔祥伟：《论刑事诉讼法的修法技术——由 2018 年〈刑事诉讼法〉再修改展开》，载《法学》2020 年第 6 期。

四、英文著作

Ian McLeod, *Principles of Legislative and Regulatory Drafting*, Oxford

And Portland: Oregon, 2009.

Ann Seidman, Robert B. Seidman and Nalin Abeyesekere, *Legislative Drafting for Democratic Social Change: A Manual for Drafters*, London: Kluwer Law International, 2001.

Peter Nash Swisher, *Techniques of Legal Drafting: A Survival Manual*, U. Rich. L. Rev., Vol.15, 1980.

Edmund Leolin Piesse, J.K. Aitken, *The Elements of Drafting*(5th Edition), The Law Book Co., 1976.

Constantin Stefanou & Helen Xanthaki(ed.), *Drafting Legislation: A Modern Approach*, Farnham: Ashgate, 2008.

G. C. Thornton, *Legislative Drafting* (3rd Edition), London: Butterworths, 1987.

Daniel Greenberg, "The Techniques of Gender-neutral Drafting", Constantin Stefanou & Helen Xanthaki, *Drafting Legislation: A Modern Approach*, Farnham: Ashgate, 2008.

Peter Butt & Richard Castle, *Modern Legal Drafting: A Guide to Using Clearer Language*, Cambridge University Press, 2006.

后 记

　　书稿撰写、修订中，我有幸得到知名学者和立法专家的指教、勉励。北京大学陈兴良教授、全国人大常委会法工委刑法室原副主任黄太云、国务院原法制办公室张越同志，对著作题目、书稿样章、章节布局、具体用语等提出宝贵意见和建议。他们对本作的评鉴，既是把关指教，又是殷切勉励。

　　感谢中共安徽省委党校（安徽行政学院）校（院）领导对教研工作的高度重视，感谢校（院）科研处、组织人事处、进修部、政治和法律教研部对本书出版工作的关心支持，感谢校（院）第80期县处级干部进修班学员的温馨鼓励。感谢中国民主法制出版社刘海涛社长、三编部刘卫主任对本书出版的大力支持，感谢贾萌萌、唐仲江、李郎等编辑老师精心审校书稿，感谢方麟、宁泽正两位同志对本项研究的用心帮助。

　　为了确保研究的科学性，本书成稿之后，多次向实务界、理论界征求意见。徐艺桐、林诗淳、陈奕筱、张博文等同志认真研读，提出诸多建设性意见。此外，还有于洛颜、周文娟、喻译萱、李希楠、卞晓军、赵昕、钱文静、孙佳新、牛子孺等多位同志对书稿提出修正意见，恕不逐一言谢。孙敏、徐丽、陈烨、张斌、金锦等同志对装帧设计提出审美建议。李邦友、张进军、王军、赵一单、肖鹏、孟强等老师友人以及我的家人，对本项研究工作给予鼎力支持。在此，诚挚地一并向他们深表谢忱！

"恰同学少年，风华正茂"。真切地怀念在母校中国人民大学读书的美好时光。实事求是，理论联系实际，是人民大学的优良校风、教风和学风。人民大学法学院的杰出校友，在政法战线上贡献卓越，在法学教研上成就斐然，他们都是"夜空中最亮的星"，指引我前行。

衷心地感念人民大学法学院的老师们，王作富、高铭暄、戴玉忠、谢望原、韩大元、胡锦光、龙翼飞、林嘉、陈卫东、刘俊海、王宗玉、李奋飞、肖建国、冯玉军、韩玉胜、刘明祥、黄京平、肖中华、冯军、时延安、田宏杰、张小虎、付立庆、李立众、赫兴旺、陈璇、王莹等专家学者，以及郝晓明、刘明、李修棋、鲍红凌等诸位老师。

深切地缅怀那些未能看到此作出版，就离我远去的先师们，王作富老先生、龚启荣先生、单民先生。难忘他们的悉心指教，难忘他们的用心关爱，难忘那些美好的点滴瞬间。谨以此作，来告慰先师们的在天之灵！先师们教书育人的可贵精神，与日月兮同光！

我深情地爱着党，深情地爱着祖国和人民。毛主席词曰："一万年太久，只争朝夕！"我定会持续性地努力奋进，自觉践行习近平新时代中国特色社会主义思想，自觉提高教学、科研、咨政等各项能力，坚定履行"为党育才、为党献策"的神圣使命，为谱写新时代美丽中国建设新篇章而不懈奋斗！

姚树举　谨上

二〇二四年十月十日